SCORPIO

Miek Pot

Innere Stille *finden*

Der kontemplative Weg

Aus dem Niederländischen von
Waltraud Heitzer-Gores

SCORPIO

Die Originalausgabe ist 2014 unter dem Titel *Doorkruist land – De contemplative weg* bei Uitgeverij Lente erschienen. Alle Rechte vorbehalten.

FSC www.fsc.org
MIX
Papier aus verantwortungsvollen Quellen
FSC® C014496

Umschlaggestaltung: Sabine Fuchs, Unterhaching
Umschlagmotiv: plainpicture / Mikael Svensson
Satz: BuchHaus Robert Gigler, München
Druck und Bindung: GGP Media GmbH, Pößneck
ISBN 978-3-95803-004-6

www.scorpio-verlag.de

Inhalt

Vorwort

Mit diesem Buch beende ich einen Lebensabschnitt von siebenundzwanzig Jahren, der mit meinem Eintritt in ein Eremitenkloster begonnen hat. In diesem Kloster wurde ich in der Tradition der Wüstenväter geschult. Zu den Kennzeichen dieser Tradition zählen das Erforschen der Gedanken, das stille Gebet und das Freilegen der inneren Welt. Nach meinem Austritt aus dem Kloster habe ich angefangen, Kontemplationskurse, kontemplative Stille-Retreats sowie Schulungen und Seminare anzubieten und durchzuführen.

Innere Stille finden enthält alle Aspekte und Etappen der inneren Reise, angefangen beim Heimweh, das uns zu diesem Weg hinführt, bis zur entfernten Perspektive eines bedingungslosen »Ja« zum Leben in all seinen Facetten.

Eines der Bücher, die lange mit mir zusammen gereist sind, ist *Der wunderbare Weg* von M. Scott Peck (die Originalausgabe ist 1978 erschienen). Ich habe Pecks Darstellung von Begriffen wie Disziplin, Gleichgewicht, Gnade und Synchronizität so stark verinnerlicht, dass ich ihn vermutlich unbewusst paraphrasiere, ohne die Quelle anzugeben. Sein Gedankengut ist zu meinem Gedankengut geworden.

Herzlich bedanken möchte ich mich bei Ineke Hogema. Sie hat mich während des intensiven Schreibprozesses sehr liebevoll begleitet. Meine Gedanken gehen vor allem auch zu den Menschen, die nicht mehr bei uns sind: meinen Eltern und Schwester Emmanuel, die mich vor siebenundzwanzig Jahren im Kloster in Empfang genommen hat und die vor kurzem diese Welt für immer verlassen hat.

Liebe Leserin, lieber Leser, möge Ihnen dieses Buch ein Licht auf Ihrem Weg sein und Ihnen leuchten, wenn der Weg dunkel oder nebelverhangen ist.

Einführung

»Man muss selbst sein eigenes Vaterland sein.«[1]

Etty Hillesum

In diesem Buch sind zwei Begriffe zentral: Kontemplation und Mystik. »Kontemplation« ist sowohl eine Übung als auch ein Weg. Im Sinn einer Übung meint Kontemplation das Sitzen in der Stille, das Schweigen und das Alleinsein. Es handelt sich dabei um ein »Nach-innen-Schauen«, bei dem die Linse des »inneren Auges« gereinigt wird. Dadurch kann die äußere Wirklichkeit klarer und intensiver wahrgenommen werden. Kontemplation in der Bedeutung als Weg meint das Bewusstwerden im alltäglichen Leben und beschäftigt sich mit der Frage, wie dieses Bewusstwerden unsere Entscheidungen mitbestimmt. Kontemplation ist somit ein Weg, der uns ein Leben lang begleitet.

»Mystik« steht für die Gesamtheit der Erfahrungen auf diesem Weg, die in Momenten, an denen wir mit der Wirklichkeit eins werden, zusammenfließen. Die Mystik steht auch für den Transformationsprozess, der durch unsere mystischen Erfahrungen in Gang gesetzt wird. Durch diese Erfahrungen verändern wir uns tiefgreifend. Wir kommen wieder zu einem »Falling in Love«: ein bedingungsloses »Ja« zum Leben wird uns zuteil.

Ziel der Kontemplation ist und bleibt die innere Reise. Die Weisheit der Wüstenväter stellt den Auftakt für die Pilgerschaft durch die innere Landschaft dar. Das Schweigen ist das geeignete Mittel, mehr noch als die äußere Stille.

Die Wüstenväter besiedelten im 3., 4. und 5. Jahrhundert n. Chr. die Wüstengebiete des heutigen Ägypten. Ihre letzten Rückzugsgebiete waren in der Wüste südlich von Alexandrien. Die sogenannten Sprüche der Wüstenväter sind ein eigenes Stück Literatur. Der belgische Mönch Benoît Standaert hat dreihundertfünfundsechzig dieser Sprüche für sein Buch *Wijsheid uit de woestijn* (Weisheit aus der Wüste) gesammelt.[2] Insgesamt sind ungefähr dreitausend Sprüche und Redensarten erhalten. Die meisten sind kurz und bündig, es kommen aber auch farbenreiche Geschichten vor. Die kurzen, knappen Versionen zeigen eine große Ähnlichkeit zu den Koans im Zen-Buddhismus.

Die Wüstenväter waren Großmeister im Wissen und in der Erfahrung der ersten Phasen der inneren Reise. Einige ihrer bevorzugten Themen, die sie in den Sprüchen in Worte gefasst haben, handeln von der Bescheidenheit, der Fähigkeit zur Unterscheidung, der Lustlosigkeit (Acedia), der Beherrschung der Gedanken und Leidenschaften, der Reumütigkeit und vom Gebet. Ihre Weisheit unterrichtet, sie predigt nicht. Ihre Autorität gründet auf Erfahrung, nicht auf Theorie. Die Wüstenväter waren aufgrund ihres einsamen, schweigsamen, kargen und stillen Lebens selbst auf der inneren Reise. Das macht ihre Lehre so wertvoll und interessant.

In den ersten Phasen der Kontemplation schenkt uns die Weisheit der Wüstenväter Struktur und bietet konkrete Anhaltspunkte für einen Weg, der oft auch als verwirrend empfunden wird, steht doch das Schauen mit »dem inneren Auge« in völligem Gegensatz zu unserer menschlichen Logik. Je weiter wir auf dem Weg vorankommen, desto unwichtiger wird die Form, und desto mehr gelangt die Weisheit der Wüstenväter in den Hintergrund. Und das nicht nur wegen fehlender schriftlicher Quellen über die späteren Phasen der inneren Reise, sondern auch weil in der letzten, universellen Erfahrung der ursprüngliche, religiöse Rahmen absolut nicht mehr relevant ist. Er kann dann sogar hinderlich sein. Es geht um den Transformationsprozess, sodass das Leben in all seinen Facetten umarmt werden kann. Die gesamte religiöse Symbolik ist nur ein Hilfsmittel, das zum Ziel hat, unser Bewusstsein zu erweitern.

Die Kraft der Wüstenväter fordert uns auf, zu reisen und den Weg zu gehen. Der Weg selbst gibt dem Leben Bedeutung: Die Wandlung, die sich dabei vollzieht, ist der Grund unserer Existenz. Es ist der Pfad zu dem stillen, unendlichen Raum in uns und dass wir von dort aus leben.

Kontemplation ist mehr als ein Zur-Ruhe-Kommen der Seele. Kontemplation bedeutet, in Kontakt zu treten mit einem Universum in unserem Inneren. Dabei werden alte Muster überprüft und losgelassen, wenn sie nicht mehr hilfreich oder vielleicht sogar hinderlich geworden sind.

Exkursion 1

Anfangs zog eine große Gruppe christlicher Männer und Frauen in die Wüste hinaus, um vor den Verfolgungen, denen sie ausgesetzt war, zu fliehen. In der Einsamkeit und Stille der Wüste entdeckten sie den Schatz der Kontemplation und blieben. Sie zogen immer weiter in die Wüste hinein, auch, um sich der großen Zahl von Nachfolgern zu entziehen. Von ihrem Lebensstil schien eine große Anziehungskraft auszugehen. Gegen Ende des 4. Jahrhunderts wohnten schon etwa viertausend Einsiedler und Einsiedlerinnen allein in der Kellia (einem der drei großen Sammelplätze der Wüstenväter) in Ägypten.

Cassianus, ein junger Mann aus dem heutigen Rumänien, zog Anfang des 5. Jahrhunderts nach Ägypten. Die Stille und das einsame Leben der Wüstenväter hatten ihn angezogen. Später sollte er das Ideal des Wüstenlebens nach Europa bringen.

Cassianus hatte in seinen sogenannten *Collationes Patrum* eine methodische Präsentation der Lehrsätze der Wüstenväter zusammengestellt.

Über die kontemplativen Klöster des christlichen Abendlands und – mehr noch – über die klösterliche Tradition des byzantinischen Christentums (das alte Russland und der Nahe Osten) blieb diese Tradition erhalten. Im 11. Jahrhundert (1054) vollzog sich das große Schisma zwischen dem östlichen und dem westlichen Teil der Christenheit des Römischen Reichs. Es folgte die Trennung der östlich-orthodoxen oder byzantinischen Kirchen von der römisch-katholischen oder lateinischen Kirche. Das byzantinische Christentum hat in seiner Ausdehnung durch die Ausbreitung des Islam in Richtung Westen allmählich abgenommen. Unter anderem auch deshalb ist die Aufmerksamkeit für die Kontemplation in den Hintergrund geraten.

Im Westen hat die kontemplative Tradition viel Widerstand aus der exoterischen Ecke des Christentums erfahren: den Kirchen.[3] Mit exoterisch meine ich ein Christentum, das mehr auf Theorie und Lehrsätzen und weniger auf Erfahrung basiert. Exoterisch bedeutet all das, was durch die religiösen Autoritäten als »einfach zu verstehen« und »für ein großes Publikum geeignet« betrachtet wird.

Nur in den Klöstern war es möglich, das kontemplative Leben einigermaßen ungestört weiterzuführen. Die Mönche entwickelten eine straff strukturierte Tageseinteilung, in deren Zentrum ein zirkuläres Zeiterleben stand. Die täglichen Aktivitäten fanden in einem ständigen Wechsel statt und wurden von Stille und Gebet unterbrochen. Im Kontext der Aneinanderreihung von Handlungen, Lektüre und Studium, Gebet, Kontemplation, um anschließend wieder zu den täglichen Arbeiten zu kommen, blieb hier die Tradition der Wüstenväter erhalten. Es gab aber auch Misstrauen gegenüber einem inneren Weg (Mystik). Durch eine Institutionalisierung versuchte man, diese »Strömung« in den Griff zu bekommen.

Zentral in der Kontemplation, wie ich sie nach meiner zwölfjährigen Eremitenzeit entwickelt habe, ist die Erfahrung. Das heißt, das Empfinden des unendlichen stillen Raums in uns, eines Orts des tiefen Wissens. Damit ist gemeint, die ultimative Wirklichkeit, jenseits aller Bilder, erfahren zu dürfen. Dazu verlassen wir unsere mentale Aktivität, unsere Sprache und Gewohnheiten. Die Stille ist dabei für mich das transparenteste aller möglichen Mittel. Als Form ohne Form schenkt sie – in purster Weise – Raum.

Wesentlich ist, das stille Sitzen jeden Tag zu üben. Auch dann, wenn wir dieses Verweilen in der Stille schon fast unser ganzes Leben lang praktizieren. Wir machen uns frei für die Stille, während wir uns innerlich konzentrieren oder, besser gesagt, ausrichten. Wenn wir bei den Stille-Retreats oder den Kontemplationstagen in der Gruppe kontemplieren, lege ich den Nachdruck auf das Schweigen. Im Schweigen entsteht Raum für die ausgedehnte, innere Weite, während wir mit anderen zusammen sind. Das Sein, das ganz dem Schweigen zugewandt ist, ist die alles entscheidende Disziplin für den Tiefgang der Reise.

Kontemplation ist eine Leidenschaft von mir, weil diese tiefere Schicht in mir (Gott) zu erfahren, immer meine größte Sehnsucht war. Im Lauf der dreißig Jahre, die ich mich inzwischen mit Kontemplation und Mystik beschäftige, habe ich ein Muster entdeckt. Es ist zwar ein Weg von A nach B, aber der Weg ist nicht linear. Es ist ein Weg mit konzentrischem Muster, scheinbar wie ein Labyrinth. Die Etappen folgen nicht chronologisch aufeinander, sondern laufen wie bei einem Labyrinth aneinander vorbei und streifen sich beinahe. Manchmal hat man das Gefühl, wieder ganz von vorne anzufangen, und es gibt Momente, da befindet man sich im Zentrum des eigenen Wesens.

Man kann durchaus eine Linie und einzelne Etappen unterscheiden. In diesem Buch beschreibe ich den roten Faden und die einzelnen Etappen des kontemplativen Wegs. Man sieht gelegentlich das Muster des Wegs bei anderen Menschen, und ich erkenne es auch in meinem eigenen Leben. In diesem Buch zeige ich den Weg und die Seitenwege bei jeder Etappe. Meine tägliche Kontemplation und die von mir durchgeführten jährlich stattfindenden Kontemplations-Retreats haben dazu beigetragen, dass ich den Weg leichter sehen kann. Im Text werde ich den kontemplativen Weg immer wieder anhand meiner persönlichen Erfahrungen illustrieren.

Bei den einzelnen Etappen werde ich außerdem immer wieder einen Blick auf Etty Hillesum werfen. In den Kriegsjahren 1941/1942 hat sie als junge jüdische Frau Tagebuch geführt. Bei ihr ist das Muster des Wegs sehr deutlich in ihren »nachgelassenen Schriften« sichtbar. Das Faszinierende bei ihr ist, dass sie nicht von einer religiösen Tradition ausgeht. Sie hat gewissermaßen von Natur aus einen kontemplativen Blick. Sie betrachtet die verschiedenen Aspekte des Lebens aus wechselnder Perspektive und stellt einen Bezug zu ihrem eigenen Leben her, ohne dass dies zur Nabelschau würde. Kontemplation bedeutet laut Hillesum: »Die Gesichter der Seele und dahinter die von ›Gott‹ in den zahlreichen Erscheinungsformen der Lebensumstände erkennen zu lernen.«[4] Etty Hillesum entwickelt diese Sichtweise nicht nur in ihren Tagebüchern, sondern auch während ihrer täglichen »stillen Stunde«: dem regelmäßigen Alleinsein, wobei sie den inneren Beobachter (Gott) entwickelt.

Kontemplation hat nichts mit Glaubensinhalten zu tun. Sie gibt keine großen Antworten. Sie befreit die Sprache von unnötigem Zierrat und ermöglicht gerade dadurch eine sehr klare Sicht auf den Weg, und sie bleibt bei dieser kahlen Form. Diese Disziplin ist von Bedeutung, denn sie ermöglicht die eigene, einzigartige Erfahrung. Eine der Nebenwirkungen der Stille und der Abgeschiedenheit ist, dass die Sehnsucht nach Antworten und nach Inhalt vergeht. Es kommt zu einer großen Ergebenheit, die nichts mit Fatalismus oder Defätismus zu tun hat.

Aufgrund seiner Einfachheit ist dieser Weg ein überraschender Weg. Keine großen Rituale, kein Schnickschnack. Es ist ein Weg, auf dem wir immer wieder das Gleichgewicht zwischen Nähe und Distanz, Verbindung und Unterscheidung suchen werden. Dieses Gleichgewicht macht es möglich, dass unser Herz frei bleibt für die Erfahrung mit unserem tiefsten Wesen. Es wird uns letztlich auf einer qualitativ höheren Stufe mit der Außenwelt verbinden. Wir sind bereit für wahrhaftigere Kontakte.

Kontemplation beruht auf vier stabilen Fundamenten. Die Stille und das Schweigen sind das erste Fundament. Um nach innen zu gehen, brauchen wir ein gewisses Maß an Stille. Wer durch das alltägliche Leben rennt, bleibt an der Oberfläche, das heißt, an der Außenseite des Lebens hängen. Während der Kontemplationstage betrachten wir die Stille in der Gruppe. Wir schweigen, auch bei Tisch. Im Nordwesten Europas, wo ich momentan Stille-Retreats abhalte, ist es nie völlig still. Die Niederlande sind ein dichtbesiedeltes Land mit entsprechendem Lärmaufkommen. Doch das Schweigen gibt unserer Stille Inhalt. Durch das Schweigen treten wir aus unserer kleinen (privaten) Geschichte heraus und verneigen uns vor etwas, das größer ist als wir selbst. Somit ist das Schweigen der wesentlichste Teil der kontemplativen Übung.

Das zweite Fundament, auf dem die Kontemplation beruht, ist das Alleinsein. Diese Erkenntnis habe ich während meiner Zeit im Kloster, das auf den Regeln der Kartäuser basierte, gewonnen. Die Kartäuser sind in der westlichen klösterlichen Geschichte darin einzigartig. Sie haben als Erste die Einsamkeit in den Mittelpunkt gestellt. Die Abgeschiedenheit wird als Voraussetzung gesehen, um in der Stille zu einem wesentlichen Empfinden zu gelangen. Es ist wichtig, in der Stille allein zu sein. Bei den Kontemplationstagen erleben wir neben dem Meditieren in der Gruppe immer auch das Alleinsein.

Etty Hillesum folgend, habe ich das Aufschreiben der Kontemplation in den Retreats als drittes Fundament hinzugefügt. Das Niederschreiben dessen, was uns innerlich bewegt, beschleunigt und erhellt die Reise. Es macht die innere Landschaft sichtbar. Denn, wie Hillesum es so schön in ihrem Tagebuch ausdrückt: »Mystik muss auf kristallklarer Ehrlichkeit beruhen. Nachdem man zuvor die Dinge bis zur nackten Realität durchforscht hat.«[5] Durch das Schreiben können wir deutlicher sehen, wohin sich unsere Aufmerksamkeit bewegt. Erst dann wissen wir, was wir loslassen können. Wichtig ist vor allem das Schreiben am Abend, beim Beenden des Tages. Wir schauen noch einmal auf den Tag zurück und schreiben auf, was uns berührt hat, wo unsere Aufmerksamkeit hingegangen ist und was uns aus unserer Mitte gebracht hat. Das Aufschreiben dieser Dinge relativiert sie und bringt sie zu »normalen« Proportionen zurück. Zugleich bleiben wir aufmerksam in Bezug auf Bewegungen in unserem Inneren.

Als viertes Fundament möchte ich das »Lesen« nennen. Bei den Kontemplationstagen selbst unterlasse ich das Lesen manchmal bewusst, um wirklich die Stille zu Wort kommen zu lassen. Aber es kommt vor, dass ich ein anderes Mal das Lesen wiederum befürworte. Das langsame Lesen von Texten, in der klösterlichen Tradition auch *Lectio* genannt, füllt unseren Geist und öffnet unser Bewusstsein für Erkenntnisse. Es ist eine qualitative Art zu lesen, das heißt, wir nehmen die Texte wieder und wieder durch und spüren nach, was sie uns persönlich zu sagen haben. Was hellt sich in uns auf?

Der kontemplative Weg ist wie eine Pilgerfahrt durch das Leben und eine Metapher für unser Leben. In unserer entspiritualisierten westlichen Gesellschaft fehlt es an geeigneten Initiationsriten für die Übergangssituationen, die für jeden Menschen wichtig sind. Die Kontemplation bietet dafür eine sehr wirksame Möglichkeit, ähnlich wie bei einem äußeren Pilgerweg.

In unserem »Rucksack« sollten sich deshalb einige wesentliche Dinge befinden. Zuerst Disziplin, ein Wort, das in der heutigen Zeit nicht leicht über die Lippen geht und selten zu hören ist. Man könnte stattdessen auch von guter Selbstfürsorge sprechen. Als Zweites wäre das Wachen über unser Gleichgewicht zu nennen. Gemeint ist unser inneres Gleichgewicht, das viel zu tun hat mit den in Kapitel zwei und drei angesprochenen »Hindernissen und Widerständen«. In unserer komplizierten Welt ist die Bandbreite schnell ausgefüllt, und wir werden, wenn wir innerlich im Gleichgewicht bleiben wollen, regelmäßig in unserem Leben aufräumen müssen. Das gilt für alle Aspekte unseres Lebens.

Das letzte »Attribut«, das wir im Rucksack haben sollten,

ist die Flexibilität, die es braucht, um regelmäßig ein Update unseres Navigationssystems durchzuführen. Das gilt natürlich weniger für die eigentlichen Kontemplationstage als vielmehr für unsere Lebensreise. Bei den Kontemplationstagen werden wir merken, dass auch da unsere Erwartungen, Haltungen und Meinungen regelmäßig durch Dinge, die sich im Alltagsleben hervortun, empfindlich gestört werden. Beispielsweise durch einen Feueralarm, der unvorhergesehen losgeht, ein Schlafzimmer, das direkt neben den Sanitärräumen liegt, und so weiter. Je mehr wir bereit sind, unser Navi neu auszurichten, desto einfacher und harmonischer wird die Reise verlaufen.

Der Komiker Hape Kerkeling hat über den *Camino* nach Santiago de Compostela gesagt: »Dieser Weg ist hart und wundervoll. Er ist eine Herausforderung und eine Einladung. Er macht dich kaputt und leer. Restlos. Und er baut dich wieder auf. Gründlich. Er nimmt dir alle Kraft und gibt sie dir dreifach zurück. Du musst ihn alleine gehen, sonst gibt er seine Geheimnisse nicht preis.«[6]

Das gilt auch für den Weg der Kontemplation. Der innere Weg ist zwar schön und schwierig, leicht und auch schwer, aber immer begehbar.

Exkursion 2

Das Muster, nach dem der Weg zu verlaufen scheint, lässt sich folgendermaßen wiedergeben, es ist gleichsam der rote Faden in diesem Buch:

ALS ERSTES ist da das Fokussieren. Die Gedanken werden betrachtet, und wir werden freier in Bezug auf die eigene Gedankenwelt. Ich werde ausführlich auf die entsprechenden Hilfsmittel eingehen.

ZWEITENS gewinnen wir Selbsterkenntnis. Wir lernen, unsere Emotionen von unseren tieferen Sehnsüchten zu unterscheiden. Wenn das »Ich« in der Stille einen Schritt zur Seite macht, entsteht Raum für unseren inneren Kern. Da sind wir absolut wir selbst. Das ist ein Schatz, der in jedem von uns verborgen ist. Wir sind so lange Suchende, bis diese Quelle, tief in uns, befreit ist. Das ist ein großer Geburtsprozess, der ein Leben lang dauert und den wir nie ganz zu fassen bekommen. Wir sind erst dann im Frieden, wenn wir aus dem Vollen leben, eins mit dem Kern in uns.

Das Fokussieren und das Gewinnen von Selbsterkenntnis ist keine Übung, die man einmal macht und dann das Ziel erreicht hat. Denken Sie an das Labyrinth. Jeden Tag müssen wir aufs Neue beginnen, uns immer wieder in den Anfängergeist zu versetzen. Nach einiger Zeit wird es müheloser. Tugenden sind wie Karrenspuren, sie verfestigen sich – ähnlich wie Untugenden – stärker, wenn sie öfter ausgeübt werden. Die Weisheit der Wüstenväter begleitet uns dabei.

BEI DER DRITTEN Etappe sehen wir die Hindernisse klar vor Augen, und wir werden mit unserem eigenen Schatten ins Reine kommen.

BEI DER VIERTEN Etappe, der Etappe des Herzens, sehen wir, dass unser hohes Ideal unerreichbar ist und wir nichts anderes tun können, als uns zu beugen. Das ist die Etappe des zermalmten Herzens, das sich nach der fortwährenden Erfahrung der Ohnmacht schließlich ergibt. Das Herz öffnet sich, und genau hier liegt der Schlüssel zum Intimsten in uns selbst. Diese Etappe bezeichnen die Wüstenväter auch als »die Etappe der Tränen«. Unser Herz ist wächsern geworden, und wir können weinen. Ausführlich werde ich darauf eingehen, was sonst noch alles unser Herz öffnen kann und wie wir beim Öffnen unseres Herzens flexibler werden können.

ALS FÜNFTES kommt es durch die innere Hingabe und das Loslassen der Kontrolle zu kurzen Momenten der Versunkenheit, ein Aufblitzen, während dessen wir mit unserer Wirklichkeit zusammentreffen. Ein existenzielles Vertrauen wächst in uns heran. Ein tiefes Gefühl des Glücks und Entzückens. Die paradoxe Sprache von mystischen Texten spricht in dieser Etappe zu unserem Herzen.

IN DER SECHSTEN Etappe folgt eine Art ultimativer Test und zwar für eine ziemlich lange Zeitspanne, in deren Verlauf all das wie abgehoben erscheint und wir schwere Prüfungen über uns ergehen lassen müssen. Alles, was wir je erfahren und erlebt haben, scheint wie weggeblasen zu sein. Wir sind für keine Hilfe zugänglich. Die äußeren Umstände scheinen sich gegen uns verschworen zu haben. Es ist Nacht für unsere geistigen Fähigkeiten. Wir scheinen an unseren tiefsten (Glaubens-)Überzeugungen zu sterben, unser Weltbild steht Kopf.

Wenn wir diese lange Periode verlassen, landen wir in der letzten und siebten Etappe. Es ist die Etappe der Transformation. Unser Leben ist in all seinen Facetten ein Ausdruck unseres Kerns geworden. »Wer bin ich«, drückt sich in der Form, die wir unserem Leben geben, aus. Unsere Verwundungen sind noch in Form von Narben vorhanden, aber sie bestimmen uns nicht mehr. Wir sind zutiefst wir selbst geworden.

1. Über Symbolik und Negation und das Schweigen

Ich erlebe manchmal in meinen Retreats, dass einzelne Personen den Weg der Kontemplation gehen wollen, um ihre Egoprobleme zu überwinden. Mit Egoproblemen meine ich ein zu schwaches Ego, ein beschädigtes Ego, die Verweigerung, das alltägliche Leben zu akzeptieren oder die Zurückweisung des eigenen Schattens.

Diese Teilnehmer betrachten die Kontemplation als eine Art von Therapie. Da die Kontemplation keine reine Technik ist, sondern ein Weg, ist das nicht ganz richtig.

Kontemplation wirkt tatsächlich förderlich auf die Entwicklung einer inneren Kraft. Um diese Erfahrung machen zu können, muss man allerdings am Anfang durch eine gewisse Unruhe hindurchgehen. Durch das Schweigen lernen wir, aus unserer kleinen emotionalen Geschichte herauszutreten. Die Emotionen fallen mangels Nahrung wie ein Kartenhaus in sich zusammen. In diesem Sinn ist Kontemplation eine gewaltige Kraftquelle. Damit ist allerdings auch ein »Aber« verbunden. Man muss sich selbst dazu bewegen, aus seiner kleinen

Geschichte herauszutreten, man muss sozusagen den ersten Schritt machen wollen. Manche (Retreat-)Teilnehmer verweigern sich hier, sie kommen nicht durch die Periode der Unruhe hindurch und brechen verärgert ab.

Es bleibt ein Mysterium, warum der eine Mensch da durchkommt und der andere nicht. Es gibt keine menschliche Erklärung dafür. Der eine Mensch öffnet sich für die Gnade, ein anderer lässt die Möglichkeit liegen. Mit Gnade meine ich hier die positiven und unterstützenden Kräfte, die uns zur Seite stehen, wenn wir beschließen, den Weg der Einkehr und damit den Weg des Wachstums und der Entwicklung einzuschlagen.

In der klösterlichen Tradition ist oft davon die Rede, dass das Ego stark genug sein muss, um diesen Weg gehen zu können. Denn das Loslassen des Egos ist ein riskantes Abenteuer. Um ein Bild zu gebrauchen: Der Baum kann nur zurückgeschnitten werden, wenn er kräftig genug in der Erde verwurzelt ist. Dann wird er nicht umfallen.

Für mich persönlich ist das noch zu sehr psychologisch begründet. Die Wirkweise der Gnade ist ein Mysterium. So lässt sich auch nie vorhersagen, wer den Weg bis zum Ende gehen wird und wer nicht. Gnade ist für mich die Kraft, die größer ist als wir selbst und die außerhalb unseres Willens wirksam ist. Diese Kraft fördert unseren Wachstumsprozess auf positive Weise und unterstützt uns. Auch denke ich, dass das Eingehen auf diese Gnade etwas mit der Stärke der eigenen Sehnsucht zu tun hat. Wenn das Heimweh nach unserer »(Ur-)Heimat« groß genug ist, wird man nicht zögern. Dann wird man nicht feilschen und nicht zaudern. Wenn man die Lebensreise so betrachten kann, relativieren sich auch viele (Ego-)Dinge.

Für die erste Etappe des Prozesses ist es wichtig, dass wir uns fokussieren, uns ausrichten. Fokussieren ist ein wichtiger Schritt auf dem Kontemplationsweg, es steht am Anfang eines jeden Konzentrationstrainings. Da wir die Retreats in völliger Stille verbringen, ist Raum für die Konzentration gegeben. Außerdem verleiht das gemeinsame Üben, das Stillsein und Sichkonzentrieren in der Gruppe, dem oder der Einzelnen Kraft für seine oder ihre Übung.

Die innere Reise basiert nicht auf einem Vermeiden »von«, sondern auf einem Ausgerichtet-Sein »auf«. Es ist von Bedeutung, sich das immer wieder bewusst zu machen. Unbewusst stecken wir oft in einem Vermeidungsverhalten fest. Etwas vermeiden bedeutet, vor etwas wegzulaufen. Auf lange Sicht funktioniert das nicht. Je mehr wir vor etwas weglaufen, desto mehr bekommen wir davon. Indem wir uns auf etwas ausrichten, können wir dasjenige, wovor wie weglaufen, »umarmen«.

Am Beispiel der Einsamkeit ist das deutlich zu sehen. Je mehr wir der Einsamkeit aus dem Weg gehen, desto einsamer werden wir. Noch nie hat es in der Geschichte so viele Alleinstehende gegeben wie in der heutigen Zeit. Die Einsamkeit, die zu einer inneren Reise gehört, kann uns »Alleinstehenden« etwas zu sagen haben. Wenn wir die Einsamkeit umarmen, können wir entdecken, wie damit das Nach-innen Gehen und das Erkunden der inneren Landschaft erleichtert werden. Das könnte durchaus auch der Qualität unserer Verbindung mit der Außenwelt zugute kommen.

Die Zersplitterung von Gedanken und Bildern jagt unsere Aufmerksamkeit und damit unsere Energie in alle Himmelsrichtungen. Worauf richten wir unsere Aufmerksamkeit? Wir, die wir unsere Aufmerksamkeit ständig auf alles Mögliche richten wollen. Es ist wichtig, eine starke gefühlsmäßige Verbindung zu dem, worauf wir uns fokussieren oder konzentrieren zu haben. Dies sollte an unsere höchsten – tiefsten – Werte appellieren. Ein Wert ist ein Kriterium, ein Konzept in unserem Kopf. »Liebe« zum Beispiel. Wenn wir dazu ein Symbol suchen, wird der Begriff in einem Bild oder einem Ton versinnbildlicht, und wir bekommen ein Gefühl dazu. Das kann, wenn wir beim Beispiel der Liebe bleiben, ein Herz sein, unser eigenes Herz.

Ich habe für mich als Symbol das Kreuz gewählt. Es ist ein altes christliches Symbol mit einer Bedeutung, die für mich das rein Christliche übersteigt. Der horizontale Balken steht für die Form, in der wir leben. Der vertikale Balken symbolisiert in meinen Augen das Sein, die erste Wirklichkeit. Die Unendlichkeit, die in der Form Gestalt bekommen möchte. Dieses Symbol hilft mir persönlich dabei, das Nicht-Greifbare konkret werden zu lassen. Indem ich während des Tages meinen Blick darauf richte, übersteige ich meine eigene kleine Geschichte. Ich trete buchstäblich daraus hervor, um mich vor etwas Größerem zu verbeugen. Da es zudem voller Bedeutung für mich ist, mich übersteigt und tief in meinem Inneren mit etwas sehr Vertrautem in Resonanz tritt, richte ich mich gerne darauf aus. Es macht mir keine Mühe.

Symbole sind auch dazu da, das Nicht-Greifbare greifbarer zu machen. Sie können unsere Seele berühren und damit eine Öffnung in unser Bewusstsein treiben. Da sie mit etwas in unserer Seele in Resonanz treten, halten sie unsere Aufmerksamkeit fest. In diesem Sinn sind Symbole hervorragende Konzentrationspunkte, die uns helfen, unseren Willen zur inneren, nicht greifbaren Welt zu lenken. Eine auf ein Symbol hin durchgeführte Konzentration macht, dass wir mit ihm eins werden. Konkret bedeutet das, dass wir zu dem werden, was das Symbol repräsentiert. Eine Konzentrationsübung auf etwas, das tief in unserer Seele mitschwingt, erleichtert das Fokussieren.

Etty Hillesum scheint es leicht zu fallen, wenn sie beschreibt, wie sie in sich selbst, in andere und in die Welt »hineinhorcht«. Sie hört sehr intensiv mit ihrem ganzen Wesen hin und versucht, bis auf den »Boden der Dinge« zu horchen, wie sie das selbst ausdrückt.[7] Sie deutet aber an, dass sie dabei Kontakt mit der »Unterströmung« in sich aufnehmen muss. Sie nennt das »in sich selbst ruhen«. Etwas anderes gibt es für sie nicht. Sobald sie außerhalb von sich selbst auf die Suche geht, sich selbst loslässt, fühlt sie sich verloren, unglücklich und versteht den Sinn der Dinge nicht mehr.[8]

Konzentration ist dann keine schwierige Übung mehr, die wir – wie ein Fitnesstraining – kaum drei Wochen durchhalten. Hier geht es um ein Ruhen in etwas, das uns im Hinblick auf die Sehnsucht und die Tiefe berührt und übersteigt. Schon allein der Gedanke daran bringt vieles in uns zum Schweigen. Wir werden dem vorübergehend entzogen, sind über die unruhigen Bewegungen unseres Egos fast hinausgestiegen. Es ist zwar immer noch eine gewisse Unruhe da, aber unsere emotionale Verbindung zur Unruhe ist nicht mehr so stark. Das lässt Raum in uns entstehen und setzt Energie frei. Das Ich geht einen Schritt zurück, und genau das ist der Sinn dieser Etappe.

Die religiösen Traditionen haben die Bedeutung der Symbolik schon früh erkannt. Leider hat man im westlichen Christentum die ursprüngliche Bedeutung der Symbolik aus dem

Blick verloren und hat die Symbole entweder wörtlich genommen oder sich krampfhaft gegen sie aufgelehnt. Befürworter und Gegner haben damit der Symbolik ihre Kraft genommen. Bilder und Töne versinnbildlichen das, wofür sie stehen. Werde, was du siehst. Das Internalisieren eines Symbols geht unwiderruflich mit einer Verschiebung im Bewusstsein einher. Das ist die wahre Kraft des Symbols.

Was meine ich hiermit genau? Heutzutage werden Symbole als Zeichen, die man entziffern oder erklären kann, gesehen. In der ursprünglichen Bedeutung nimmt man dagegen an einer Wirklichkeit Teil, die unergründlich ist. Symbole ziehen das Alltags-Bewusstsein über seine Grenzen hinaus. Wenn ich über das Kreuz spreche, ihm eine Bedeutung zuerkenne, Argumente dazu anführe oder es analysiere, werde ich dennoch nie in vollem Umfang die Bedeutung ergründen. Ein Symbol kann nie durch eine Zusammenfassung oder eine Interpretation ersetzt werden. »Ein Symbol bedeutet nicht etwas, sondern ist etwas«, schreibt der Theologe Tjeu van den Berk.[9] Er ist überzeugt, dass Symbole in ihrer eigenen Wesensart immer bestehen bleiben, weil das die einzig mögliche Art ist, zu sagen, was sie sagen.

Zu Beginn einer Konzentrationsübung kann es vorkommen, dass das Sichkonzentrieren zu sehr durch Willenskraft herbeigeführt wird. Die Wirkung ist, dass die Person gestärkt wird. Das Ich macht die Übung aus eigener Kraft, und solange es sich genug anstrengt, scheint das auch zu gelingen. Dies ist die Grundhaltung eines Anfängers, aber auch wenn wir uns schon länger auf dem Weg befinden, kann uns das passieren. Das ist nichts Negatives. Man braucht Kraft, um den Weg gehen zu können. Zudem ist die Kontemplation aus der christlichen Tradition erwachsen, und darin wird das Ego nicht als etwas Negatives gesehen.

In der *Transpersonalen Psychologie* unterscheidet man zwischen präpersonaler, personaler und transpersonaler Stufe. In einem normalen Entwicklungsprozess durchlaufen wir diese drei Stufen. Wir können aber auch durch ein unverarbeitetes Trauma auf der präpersonalen Stufe stecken bleiben. Dies hat mit dem Lebensalter nichts zu tun, aber es bedeutet, dass man eigentlich noch nicht zur Reife gelangt ist.

Auch in der Kontemplation durchlaufen wir diese Stufen. Die präpersonale Stufe ähnelt äußerlich der transpersonalen, weil in dem einen Fall die Person geschwächt ist und in dem anderen Fall weniger Raum einnimmt. Es wird allerdings nötig sein, dass wir hier deutlich unterscheiden können, um weitergehen zu können. In diesem Sinn kann die Kontemplation nie als Bypass funktionieren, der bewirken soll, dass wir schneller zur transpersonalen Stufe gelangen. Wir werden alle Stufen durchmachen müssen. Damit erklärt sich auch, dass der verstärkende Effekt auf die Person an sich durchweg positiv ist.

Hillesum räumt ein, dass eine stille halbe Stunde in sich selbst keine einfache Sache ist, sondern etwas, das erlernt werden muss. Der Zweck ihrer »stillen Stunde« sollte sein, »dass man sich innerlich zu einer großen Ebene ausweitet, ohne all das heimtückische Gestrüpp, das die Aussicht behindert.«[10] Sie spürt sehr genau, dass sie sich dazu selbst aufraffen muss.

Es kommt irgendwann der Moment, in dem wir erkennen, dass die Egokraft weniger Raum einnimmt. Das ist ein allmählich fortschreitender Prozess, der nichtlinear verläuft. Im Lauf der Zeit lernen wir, uns mehr dem hinzugeben, was gerade ist. Das bedeutet, dass wir die Kontrolle immer mehr loslassen und immer mehr den Kopf verlassen. Das bedeutet auch, dass wir unsere Vorstellungen über die Stille und das Meditieren loslassen. Schließlich geht es nicht darum, dabei Erfolg zu haben oder zu genügen. Nur durch unsere eigene, persönliche Kraft kommen wir nicht ans Ziel. In dem Maß, in dem wir das Ergebnis loslassen können, kann sich unser Geist ausdehnen.

Wer lieben möchte, muss sein Ego – wie ein gutes Reitpferd – zügeln können. Sie sind der Reiter, das Ego ist das Pferd und nicht umgekehrt. Wenn wir diese Fähigkeit jeden Tag aufs Neue einüben, werden wir ein erfülltes, reiches Leben bekommen, und wir werden mit den Schwierigkeiten und Problemen, die zum Leben gehören, mit Würde und Respekt umgehen können. Wir werden unser Leben vor dem Hintergrund dieses stillen inneren Raums in uns leben, ein Raum, in den nichts eindringen kann, weder unsere Emotionen noch unsere Gedanken.

Die persönliche Konkretisierung dieser großen inneren Weite mit Hilfe des jeweils gewählten Symbols hilft, das Dilemma der inneren Reise zu bewältigen: die innere Kraft wachsen zu lassen und das Ego zu zügeln. Beides kann sich gelegentlich im Weg stehen.

Kommunikation ist das Mittel schlechthin, durch das sich das Ich oder das Ego ausdrückt. Das Schweigen dagegen lässt das Sprechen an sein Ende kommen. Dadurch entsteht Raum für das andere und noch mehr Raum für noch mehr Stille. Denn es gibt ein Schweigen, das nach der Sprache kommt. Dieses Schweigen entsteht aus dem Reichtum des »Seins«, welches das Sprechen nicht mehr als Mittel der Übertragung benötigt. Die Wüstenväter wussten bereits, dass jeder Versuch, die mystische Erfahrung zu definieren, zum Scheitern verurteilt sein würde. Aus diesem Grund haben sie selbst keine schriftlichen Quellen hinterlassen.

Und es ist aus diesem Grund so schwierig, die innere Reise zu beschreiben, geht es doch um eine Erfahrung, die sich nicht in Worte fassen lässt. Die mystische Erfahrung lässt sich am ehesten durch die Negation, die eine allmähliche Entkräftigung der Sprache bewirkt, ausdrücken.

Dionysius Areopagita ist das Pseudonym eines unbekannten griechischen Autors, dessen Werk im 9. Jahrhundert ins Lateinische übertragen wurde. Dionysius fand zu einer spirituellen Übung, einem dialektischen Prozess, der aus drei Phasen besteht: Erstens die Bestätigung dessen, was »Gott« alles ist, zweitens die Verneinung all dieser Eigenschaften und drittens die Verneinung der Verneinung. Diese Übung entzieht der Sprache die Kraft.

Das bringt uns zu einer Einsicht, die uns »außerhalb von uns« treten lässt. Wir umarmen das Nicht-Wissen, wir erleben keine Klarheit, aber weil wir unseren Geist von einengenden und blockierenden Überzeugungen befreit haben, sind wir in der stillen Unendlichkeit: der Stille hinter der Stille. Das muss ein ums andere Mal wiederholt werden.

Dies ist die apophatische Methode (die schweigende, verneinende und negative Theologie), die in der westlichen Christenheit tonangebend wurde. Meister Eckhart (1260–1327), Mystiker und Prediger im Orden der Dominikaner, wurde stark von dieser apophatischen Methode beeinflusst. Die Erfahrung als solche wird ihm zufolge nicht in Worte gefasst, die Übung des Sitzens in der Stille führt uns vielmehr zur Empfindung von Liebe. So kommen wir aus einem »Falling out of Love« wieder zu einem »Falling in Love«.

Wenn dennoch eine Sprache gefunden werden muss, um die kontemplative Erfahrung zu transportieren, bietet sich zum Beispiel die poetische Sprache an. Sie drückt die Erfahrung sehr gut aus, weil es eine Sprache ist, die sich zwischen Sprache und Sprachlosigkeit bewegt und einen Raum von Stille kreiert. Auch Hillesum versteht es, die Thematik äußerst klar zu benennen, obwohl sie keine Poesie verwendet.

Das Schweigen drückt mehr aus, als Worte es jemals könnten. Das Schweigen hat eine mehrfache Bedeutung. Auf der einen Seite ist es eine asketische Übung, ein Fasten an Worten, und gleichzeitig ist das Schweigen eine Aussage, ein Ausdruck dieser unendlichen Unendlichkeit in uns: Die Stille hinter der Stille.

Bei den Kontemplationstagen ist das Schweigen ein Fasten bezüglich der Worte, denn jede spirituelle Schulung beginnt schließlich mit gewissen Entbehrungen. In der Gruppe sitzen wir manchmal stundenlang in völliger Stille. Manche wollen ihr Bestes geben, was noch etwas verkrampft wirkt. Andere suchen allerlei Ausflüchte, um nicht sitzen zu müssen. »Man kann doch genauso gut spazieren gehen.« Ich halte sie nicht auf, aber es ist gerade das beharrliche Warten in der Stille, das einen Hauch des inneren Schatzes preisgibt.

Durch bloßes Sitzenbleiben und schweigendes Warten kann sich das Wunder des Lebens vollziehen. Das benennt Hillesum auch in ihrem Tagebuch, wenn sie davon spricht, immer einfacher zu werden, zu sein und zu leben. »Nicht nur für einen selbst in den stillen Momenten diese Einfachheit und Weite in sich zu spüren, sondern auch im alltäglichen Leben. Einfachheit bedeutet, keine Sensationen um sich herum zu verstreuen, nicht interessant sein zu wollen, sich von dem Interessant-gefunden-werden-Wollen durch die Außenwelt zu distanzieren, ehrlich und vielleicht nach einem kleinen Kampf. Die Einfachheit wirklich im eigenen Leben und in der Atmosphäre um sich herum zu verwirklichen.«[11]

Andererseits können wir unsere Unruhe nicht einfach mit einigen äußeren Anpassungen verjagen, geschweige denn gegen sie ankämpfen. Es geht eher darum, mit ihr umgehen zu lernen. Deshalb ist es so wichtig, dass wir berührt werden. Die Bewegung ist weniger ein *weg von* der Unruhe, als ein *hinbewegen zu* unserer »Unterströmung«, zu dem unendlichen, stillen Raum in uns, der im jeweiligen Symbol einen Ausdruck findet. Es ist keine Frage der Willenskraft, bei der man die Muskeln spielen lässt, sondern ein Sitzen, ein Schweigen und Warten in Liebe und in Geduld. Bis einem das »Falling in Love« zufällt.

Davon spricht Hillesum, wenn sie erzählt, »dass auch eine Art ›Liebe‹ entsteht, keine Luxus-Liebe von einer halben Stunde, in der es sich [...] herrlich schwelgen lässt, sondern eine Liebe, mit der man in der kleinen alltäglichen Praxis etwas anfangen kann«.[12]

Das Schweigen und die Stille entwickeln in uns einen inneren Beobachter. Das kann man sich wie einen Hintergrund hinter unserem tiefsten Hintergrund vorstellen. Eine Art stiller Zeuge. Eine große innere stille Weite, von der aus wir auf uns selbst und das Theaterstück unseres Lebens schauen. Wir beobachten das Leben, unser Leben, mit einem kontemplativen Blick.

Wir wenden die – von Ken Wilber so genannte – Methode

der Disidentifikation an. Alle Wahrnehmungen, Emotionen, Gedanken, Erinnerungen und Erlebnisse sind Phänomene, mit denen wir uns identifiziert haben. Das bedeutet, wir halten uns an ihnen fest. Indem wir die Position des inneren Beobachters einnehmen, können wir uns von der Identifikation lösen. Wir können dann mit Abstand und mit einem kontemplativen Blick darauf schauen, um uns stets aufs Neue für die Position des inneren Beobachters zu entscheiden. Hillesum schreibt, wie sie immer wieder vom Persönlichen zum Überpersönlichen wechselt und sich nicht mit Kleinigkeiten aufhalten möchte.[13]

Wichtig ist, die Disidentifikation nicht erzwingen zu wollen, aber immer wieder den Schritt zu machen. Wenn wir am wenigsten darauf vorbereitet sind, ist es ganz plötzlich still, und wir fühlen uns getragen. Nach und nach durchdringt uns die Stille. Wir werden auf allen Ebenen ruhig. Das soll nicht heißen, dass keine innere Aktivität mehr vorhanden ist. Im Gegenteil. Jede Minute ist jetzt prall gefüllt mit Leben und Erleben und Auseinandersetzung und Sieg und Zusammenbruch, aber dann wieder Ruhe und Gegenwart, ein Jetzt, in dem keine Zukunft und keine Vergangenheit mehr sind.

Anfangs werden Sie merken, dass Sie manchmal diesen Punkt erreichen, oft aber auch nicht. Wir werden uns zuerst mit unserer Wirklichkeit versöhnen müssen, und das gelingt, wenn wir unsere Schattenseiten akzeptiert haben. Das ist das Naturgesetz der Kontemplation, dass wir unser Ich erst wirklich loslassen können, wenn wir es vollständig angenommen haben.

Was aber meine ich nun damit genau? Um zu der das Ego übersteigenden Ebene gelangen zu können, müssen wir erst alle Schichten unseres Egos erkunden. Wenn das nicht geschieht und wir dennoch den Weg der Kontemplation gehen – was übrigens durchaus gleichzeitig geschehen kann, wichtig ist, dass die Erkundung des Egos nicht außer Acht gelassen wird –, dann kann es passieren, dass wir in einer regressiven (präpersonalen) Phase ankommen. Die Manifestationen der prä- und transpersonalen Stufe ähneln einander. Das Ego ist geschwächt. Aber es gibt einen Unterschied. In der einen Phase ist das Ego (noch) nicht entwickelt, in der anderen Phase ist es überwunden.

Je länger ich auf diesem Weg bin, desto mehr erkenne ich, dass dieser Teil des Wegs immer entspannter wird. Im Kloster habe ich mich noch sehr angestrengt, ich habe tatsächlich mittels Willenskraft meditiert. Heute bedeutet es viel mehr ein »In-mir-Ruhen«. Das geht sowohl im Lotussitz auf dem Boden als auch in einem Sessel sitzend. Auf jeden Fall brauche ich aber jeden Tag einmal Zeit für Ruhe und In-mich-gekehrt-Sein. Es ist nicht mehr strikt eine halbe Stunde am Tag. Manchmal ist es eine viertel Stunde, manchmal sind es zwei Stunden. Einfach im »Nichts« verweilen, ohne irgendetwas zu müssen. Damit ist eine Grundlage einer Verbindung mit mir selbst gelegt, wodurch ich viel aufmerksamer, bewusster und energiegeladener im Leben stehe. Das ist der Kern dieser ersten Etappe.

2. Selbsterkenntnis und Hindernisse

Selbsterkenntnis

Ohne Selbsterkenntnis kommen wir nicht in Kontakt mit dem inneren Kern in uns. Wir betreten dann nie wirklich den unendlichen, inneren Raum. Der Weg des Durchschauens ist ein langer Weg. Anfangs müssen wir viel Mühe darauf verwenden, uns selbst kennenzulernen. Das benötigt Zeit und Raum und braucht Momente des Alleinseins und der Stille.

Manchmal müssen wir uns von allzu weltlichen Kontakten und Belastungen zurückziehen. Möglicherweise müssen wir auch ein geschäftiges Leben verlassen oder umwandeln. Wir haben uns eindeutig auf den Weg begeben, und das erfordert Entscheidungen.

Bei Etty Hillesum kann man sehen, dass der Prozess der Verinnerlichung bei ihr, seit sie Tagebuch schreibt und intensiv Selbstreflexion betreibt, sehr schnell verläuft. Sie erkennt, dass es um zwei Spuren geht. Einerseits die innere Einkehr, die

Stille und die Ruhe, und andererseits die intensive Selbstreflexion. Darüber schreibt sie.

Menschen, die sich selbst erforschen und hinterfragen, tun sich schwer, sich an einen flüchtigen, oberflächlichen Lebensstil anzupassen. Bei manchen Kontakten muss man überprüfen, ob sie zum eigenen Weg passen oder nicht. Dies alles spielt sich natürlich außerhalb der eigentlichen Kontemplation ab, sorgt aber dafür, dass wir die geeignete Verfassung finden, wodurch der Prozess, wie bei Hillesum, schneller und fließender verläuft.

Dies ist zugleich die Etappe in der Kontemplation, bei der wir auf viel Unruhe stoßen. Wenn wir in Kontemplation sitzen, ist es alles andere als still und leer in unserem Inneren. Wir sind »voll« mit Gedanken, Bildern und Emotionen wie Wut und Trauer. Es kommt eine Flut von Erinnerungen in uns hoch, Enttäuschungen und Frustrationen. Sinnliche und manchmal regelrecht aggressive Gedanken tauchen auf. Unser kleines »Wollen« schickt uns in alle Himmelsrichtungen. Es sind alle unsere kleinen und großen Wünsche und Sehnsüchte, die uns regelmäßig vom Weg abhalten.

Die kontemplative Tradition, die auf die Wüstenväter zurückgeht, sagt hier, dass es um das Loslassen aller Bindungen und Anhaftungen geht. Diese seien die Quelle unserer Unruhe. Hillesum spricht in ihrem Tagebuch von einem Ankerplatz, von dem man sich losgerissen fühlt, und von einem tiefen Heimweh, das dabei entsteht, von dem sie aber weiß, wonach sie Heimweh hat.[14] Heimweh ist ein sehr erkennbares Gefühl. Für mich persönlich war das Heimweh der Beweggrund dafür, mich auf den Weg zu begeben. Worauf sich dieses Heimweh richtet, wissen wir am Anfang noch nicht. Es ist ein unbestimmtes, aber im Hintergrund stark anwesendes Gefühl. Es treibt uns dazu an, uns auf den Weg zu begeben und nicht zu den »Fleischtöpfen Ägyptens« zurückzukehren.

Diese Etappe ist somit die Etappe der Entscheidungen. Hierbei ist die Wahl nicht etwas, wofür man sich ein für alle Mal entscheidet. Sie muss täglich neu aktiviert werden. Eine Wahl zu treffen, ist etwas Wesentliches, es macht uns zu einem menschlichen Wesen. In der heutigen Zeit ist das allerdings sehr ambivalent geworden. Wir müssen den ganzen Tag aus einer großen Zahl von Angeboten auswählen, und gleichzeitig lassen wir uns viele Optionen offen. Unser Leben wird dadurch letztlich formlos. Und es macht uns außerdem unruhig.

Anselm Grün schreibt in seinem Buch *Was will ich?* in Anlehnung an Karl Rahner: »Im Augenblick der Trennung von Leib und Seele entscheidet sich der Mensch in seiner Ganzheit für oder gegen Gott. […] Denn in den Entscheidungen, die wir in unserem Leben treffen, üben wir uns in diese letzte Entscheidung des Todes ein.«[15]

Auf dem gesamten Weg wird das Loslassen aller großen Sehnsüchte und aller kleinen Wünsche immer wichtiger und intensiver werden, bis es schließlich in dem einen großen Wunsch, dem Wunsch, nach Hause zu kommen, gipfelt. Es schenkt uns Freude, wenn unser kleines Wünschen und Wollen fokussiert ist auf die eine große Sehnsucht. Dies ist eine Frage des langen Atems und der großen Anstrengung. Wenn wir durchhalten in der Stille, im Schweigen und im Warten, dann macht die Stille ihre Arbeit und lässt es schließlich sehr still werden, und wir kommen nach Hause in uns selbst. Das braucht Zeit. Denn oft ist Ruhelosigkeit und Ungemach in uns, und wir fühlen uns alles andere als erfüllt.

Wie wirkt sich das nun zum Beispiel während der fünf Kontemplationstage aus? An den ersten Tagen sind wir noch mit all dem, was wir zurückgelassen haben, beschäftigt. Meistens wird es am zweiten Tag schon viel ruhiger. Das Sitzen, das Schweigen und das Beharren darauf zeigen Wirkung. Vor allem durch das Schweigen verliert sich die Unruhe. Am vorletzten Tag der Retreats merken wir, dass wir wieder in Beschlag genommen werden von allerlei, was unsere Abreise betrifft.

Die Kontemplationstage sind eine Spiegelung des großen Wegs, der unser Leben ist. Auch da lautet die Übung, immer wieder zurückzukehren zu uns selbst. Es gibt Phasen, in denen wir uns mehr in der Außenwelt aufhalten, aber wir wissen zugleich, dass wir wieder nah zu uns selbst kommen und bleiben müssen.

Auf dieser Reise nach »Hause« begegnen wir uns selbst. Wir gehen in die Konfrontation, wir schauen in den Spiegel. In diesem Sinn geht es bei der ersten und zweiten Etappe ein wenig durcheinander. Selbsterkenntnis erlangen wir durch das Fokussieren mithilfe von Konzentrationsübungen und Schweigen, Alleinsein und Selbstreflexion.

Es werden Schichten in uns freigelegt. Die Zwiebel wird langsam geschält. Unsere inneren Dämonen der Eifersucht, des Hochmuts, des (blinden) Ehrgeizes und der Aggression starren uns an. Moslems bezeichnen diesen Abschnitt des Wegs auch als »Dschihad«. Es ist unser persönlicher Dschihad, bei dem wir gegen jene Kräfte in uns ankämpfen, die dafür sorgen, dass wir nicht tun, was wir wollen, und dass wir tun, was wir nicht wollen. Wir müssen durch diese Etappe hindurch, um Raum in uns selbst zu schaffen, um die Geräusche und Steine vor dem stillen, unendlichen Raum wegzuschaffen. Dazu brauchen wir die Selbstreflexion und die Selbsterkenntnis.

Hindernisse

Die Wüstenväter haben erklärt, dass acht von Emotionen gesteuerte Gedanken an der Wurzel unseres Handelns liegen. Das exoterische (offizielle und dogmatische) Christentum hat diese Gedanken zu den sieben sündigen Taten, den sogenannten Untugenden oder Hauptsünden, verselbstständigt. Damit wurde mehr Nachdruck auf die Symptome gelegt und weniger auf deren Wurzeln. Es entstand eine von außen auferlegte Moral. Über die Wurzeln unseres Handelns wurde allerdings schon seit Tausenden von Jahren nachgedacht. Diese acht mehr emotional gesteuerten Gedanken der Wüstenväter scheinen der Wirklichkeit am nächsten zu kommen. In der heutigen Zeit gilt das Enneagramm als Modell zur visuellen Abbildung dieser Beweggründe und zur geeigneten Darstellung dieser Weisheit.

Es handelt sich um acht Beweggründe des Egos, die sich als autonome Anteile gegen unseren bewussten Willen stellen. Es sind dies die Lustlosigkeit (Acedia), die Habgier, der Trübsinn, der Zorn, der Hochmut, die Wollust und die Ruhmsucht. Auf den ersten Blick erscheinen manche eher unschuldig, wie etwa der Trübsinn. Der Trübsinn kommt, wenn man frustriert ist, weil man etwas Begehrtes nicht bekommt. Das Ego wappnet sich mit diesen acht Schutzmechanismen. Der Mensch hat sie erschaffen gegen Erschütterungen durch emotionale Traumata wie Ausgrenzung, Zurückweisung, Verlassenheit. Das, was wir allgemein als »das Böse« kennen. Es sind unsere Waffen, um Schmerz zu vermeiden. Man kann das Ego auch sehen als das verletzte Kind in uns.

Wenn wir wirklich in Kontakt mit dem unendlichen, stillen Raum in uns kommen wollen, müssen wir zuerst bereit sein, uns selbst hiermit zu konfrontieren. Den Schatten bewusst zu leugnen oder nur zu negieren, würde bedeuten, den Weg nach innen zu versperren. Frieden kommt mit der Wahrheit. Diese beginnt mit der Akzeptanz der Wahrheit des Egos. Danach erhalten wir Zugang zur Wahrheit der Stille hinter der Stille. Akzeptieren heißt, sich zu konfrontieren. Es ist ein Bewusstwerdungsprozess in Bezug auf unser Ego.

Sobald wir uns unserer Verteidigungsmechanismen bewusst sind, entsteht Raum. Raum, um die Spur zu wechseln. Wir stecken nicht mehr fest in einem bestimmten Abwehrsystem. Es entsteht Raum, der es ermöglicht, Grenzen zu verlegen und alte Muster loszulassen.

Für die Wüstenväter war die Deutung dieser Fixierungen sehr wichtig. Sie bezeichneten sie als Dämonen, so konnten sie sie besser außerhalb der eigenen Person positionieren. Das ist eine effektive Methode, denn indem man sie außerhalb der eigenen Person lokalisiert, bekommt man sie besser in den Griff, und es entsteht mehr Raum. So findet man leichter einen Weg, wie man damit umgehen kann. Mir selbst hat das sehr geholfen. Indem ich den stark von einer Emotion geleiteten Gedanken so (als Dämon) bezeichne, kann ich ihn außerhalb von mir selbst unterbringen, wodurch wieder Raum entsteht.

Seltsamerweise wird in der heutigen Zeit die Acedia oder Lustlosigkeit ziemlich vernachlässigt. Wir haben keine klaren

Vorstellungen von Untugenden mehr, geschweige denn, dass wir die Lustlosigkeit als solche betrachten würden. Vielleicht hat das damit zu tun, dass die Kultur der heutigen Zeit eine typische Acedia-Kultur ist. Wir fühlen uns oft lustlos, sehnen uns nach unserem Urlaub, aber auch dann überfällt uns das Gefühl der Langeweile. Lustlosigkeit ist die Unfähigkeit zu fühlen, so als wären wir abgestumpft. Den Wüstenvätern zufolge ist die Lustlosigkeit nicht die gefährlichste, aber die beschwerlichste Untugend. In seinen *Collationes* widmet Cassianus der Acedia dann auch sehr viel Aufmerksamkeit.[16] Mir ist die Acedia deshalb so wichtig, weil sie genau genommen »Falling out of Love« bedeutet und damit faktisch die Blockade auf dem Weg zu einem bedingungslosen Ja zum Leben und der Liebe darstellt.

Cassianus beschreibt die Symptome der Acedia wie folgt: Verzweiflung, Entmutigung, Missmut, Verbitterung, Gleichgültigkeit, Schläfrigkeit, Langeweile, Flucht vor sich selbst, Neugier, Zerstreuung im Gerede, Unruhe des Geistes und des Körpers, Unstetheit und Wankelmut. Die Seele ist krank und leidet. Der von der Acedia befallene Mensch ist abgestumpft und den wirklich wichtigen Dingen im Leben gegenüber gleichgültig geworden. Der von der Lustlosigkeit ergriffene Mensch hat zu nichts mehr Lust, ist gelangweilt und möchte alles dafür tun, durch einfache Lösungen aus dieser Situation herauszukommen.

Der »Dämon« der Acedia wird ihm denn auch zuflüstern, dass eine Veränderung des Wohnorts, der Arbeit und/oder der Beziehung Rettung bringen wird. Zugleich ist der Mensch aber zu schlapp und zu kraftlos, um tatsächlich irgendeine Veränderung in seinem Leben zu bewerkstelligen. Es ist wie ein Verlust der Seele. Als wäre ein beträchtlicher Teil der psychischen Energie ins Unbewusste abgeflossen. Sie steht damit dem Ego nicht mehr zur Verfügung. Der Zustand ähnelt daher einer endogenen Depression, denn tief in der stagnierenden Lähmung des Egos lebt ein besonders intensiver Drang.

Der depressive Mensch wagt es aus vielerlei Gründen nicht, diesen Drang an die Oberfläche kommen zu lassen. Dieser Zustand der Lustlosigkeit ist so gefährlich, weil der unterdrückte Drang nicht mehr als solcher zu erkennen ist. Die Wüstenväter raten zum Durchhalten, denn so entstehe neues Leben, Frieden und Freude. Verharrt man lange genug in diesem Zustand, kehrt die abgeflossene Energie zurück in die Bewusstseinssphäre. Es entsteht ein intensives Interesse am Leben, das sich allerdings meistens in einer anderen Richtung zeigt, als es bisher der Fall war. Wichtig dabei ist, dass wir im geeigneten Moment Schritte setzen.

Eine Acedia-Situation kann sehr lange anhalten. Manchmal jahrelang. Manche Menschen bleiben ein Leben lang in diesem Zustand und sind erstaunt, dass das Leben so ist. Sie werden mehr gelebt, als dass sie selbst die Regie in Händen halten. So wie mein Temperament beschaffen ist, kenne ich die Acedia sehr gut. Ein schwieriger »Dämon«, der viel Besonnenheit verlangt. Mir hilft es gut, immer wieder Schritte zu machen. Immer wieder hinauszugehen und etwas zu unternehmen, befreit mich von der Schwerkraft, die von der Acedia ausgeht. Das ist eine Disziplin, die sehr bewusst eingesetzt werden muss. Bei anderen ist es wiederum vorrangig, zur Ruhe zu kommen und »das Tun« einzustellen.

Wichtig ist, jeden Fall einzeln zu betrachten. Keine zwei Personen sind gleich. Deutlich aber ist, dass vor allem die Disziplin hier zum Tragen kommen muss. Meistens beginnt die Acedia sich dann anzuschleichen, wenn wir in diesem Punkt Zugeständnisse machen.

Zu den Dingen, die uns in eine tiefe Acedia hineindrücken können, gehört ein hemmungsloser TV-Konsum. Für alleinlebende Menschen ist das konfrontierend, denn das Fernsehen vermittelt scheinbar Leben. Es wird geredet, es gibt viel zu sehen, und für diejenigen, die mit dem unfreiwilligen Alleinsein zu kämpfen haben, ist das Fernsehen eine attraktive Alternative. Uns ist allerdings oft gar nicht bewusst, dass wir in einer Scheinwirklichkeit »leben«, die uns von unserem wirklichen Leben trennt. Sehr subtil, ähnlich subtil wie die Acedia vorgeht. »Nun ja«, sagen Leute, die viel fernsehen, »so bleibe ich auf dem Laufenden.« In der Tat bekommen wir flüchtige Informationen über alles Mögliche. Wir bleiben auf der Höhe der Zeit, vergessen aber die Wirklichkeit des Hier und Jetzt. Wir verlieren das Gespür für unsere Vitalität, und nach einer gewissen Zeit fühlen wir uns sehr unwohl und leer.

Wir können auch durch eine Situation, die uns über einen langen Zeitraum hinweg viel abverlangt, in eine Acedia geraten. Wenn wir lange Zeit über unsere Grenzen gehen, kommt der Moment, an dem uns bewusst wird, dass wir reichlich tief in einer Acedia stecken. Leider ist es dann schon zu spät und es braucht viel Zeit und Geduld, bis wir langsam wieder herauskommen.

Hier sehen wir, wie wichtig es ist, das Gleichgewicht zu wahren. Natürlich gibt es Momente, an denen das nicht gelingt. Wenn wir beispielsweise mit so vielen Bällen gleichzeitig jonglieren müssen, dass es ganz sicher misslingen wird. Wichtig ist, sich das dann einzugestehen, zu akzeptieren und keine

Schuldgefühle zu haben. Sobald wieder mehr Raum in unserem Leben ist, können wir ganz bewusst das Gleichgewicht wieder herstellen. Dabei kann man vorgehen, als hätte man eine lange Krankheitsphase hinter sich gebracht: sich selbst gut versorgen, viel Zeit und Raum für sich beanspruchen. Und ganz allmählich finden wir unser Gleichgewicht wieder. Gehen Sie schonend mit dem Gleichgewicht um, es hält Sie genau in der richtigen Mitte, die zum Leben führt.

Dasselbe gilt für Menschen, die mutwillig in die Arbeit flüchten. Machen, machen, machen. Auch eine Möglichkeit, sich selbst zu verlieren, das heißt, den Kontakt zur eigenen Vitalität und zur Lebensenergie zu verlieren. Viele Menschen, die in der Acedia feststecken, sind wie von einer eigentümlichen Unruhe besessen und kommen zu nichts. Das »Machen« ist dann ein Ausweg, der dabei hilft, dass man vor allem nichts fühlen und nichts ändern muss. Auch in solchen Fällen gilt, dass das Gleichgewicht zwischen Kopf und Herz, zwischen Fühlen und Denken gestört ist. Manchmal sagen Menschen in den Gesprächen, die ich während der Kontemplationstage mit ihnen führe, Dinge wie: »Mein Kopf sitzt am Steuer, und mein Herz liegt auf der Rückbank.« Früher oder später führt das zu Problemen, weil das Gleichgewicht abhandengekommen ist.

Auf unserer Lebensreise und insbesondere während der Kontemplationstage bekommen wir es mit der natürlichen Schwerkraft zu tun, die unsere Bemühungen schwierig bis sehr schwer macht. Aus der Tradition der Wüstenväter heraus benutze ich dafür den Namen Acedia und gebe ihr damit eine sehr spezielle Deutung. Es ist die Kraft, die wir alle kennen. Der Weg der Disziplin, das Suchen nach dem Gleichgewicht und das Mitbewegen mit dem Lebensstrom, all das erfordert

Anstrengung, und irgendetwas in uns hat dazu keine Lust. Irgendetwas möchte es lieber bequem haben. Irgendetwas in uns hat immer eine Ausrede parat, um nicht zu meditieren, nicht still zu sein und ständig etwas sagen zu müssen. Das ist und bleibt ein Kampf. Wichtig ist, bewusst dafür einzustehen und zu wissen, dass der rote Faden immer wieder von Neuem aufgegriffen werden kann. Letzteres muss aber dann auch wirklich gemacht werden. Eine gute Disziplin in Bezug auf Fernsehen, Tablet, Smartphone und Arbeit und Stress ist unabdingbar. Seien Sie selektiv, und nehmen Sie von Zeit zu Zeit Abstand von all diesen Dingen. Das kann Sie vor einer schweren Acedia bewahren. Es kommt aber auch vor, dass die Umstände keinen Rückzug erlauben und dass die Acedia durchlebt werden muss.

Kathleen Norris beschreibt in ihrem Buch *Acedia & me*[17], dass eine der ersten Symptome der Acedia die Unfähigkeit ist, normale, grundlegende Handlungen auszuführen wie duschen, gesund frühstücken, einen täglichen Spaziergang machen, für sich selbst kochen. Es sind dies alles Handlungen der Selbstfürsorge und der Selbstachtung. Diese Aktivitäten steigern die Freude an uns selbst und am Leben. Die Acedia steht diesen Aktivitäten feindselig gegenüber und untergräbt auf dramatische Weise unsere Selbstachtung. Selbstachtung verleiht uns Kraft. Wenn unsere Selbstachtung gravierend untergraben wird, sind wir eine leichte Beute für destruktive Kräfte innerhalb und außerhalb von uns. Damit dürfte deutlich sein, wie wichtig es ist, die Selbstachtung aufrechtzuerhalten. Disziplin ist hier die Antwort.

Disziplin beginnt da, wo wir aufhören, vor unserem Leben davonzulaufen. Wir können dann unser Leben neu angehen, aber auf eine völlig andere Weise. Im Hier und Jetzt sein. Unbedingt erforderlich dafür ist, dass wir die grundlegenden Handlungen des Lebens umarmen. In der Kontemplation geht unsere Aufmerksamkeit genau dorthin. Was wir tun, ist sehr fundamental: zu festen Zeiten essen, das routinierte Sitzen von jeweils fünfundzwanzig Minuten, das wiederholte Gehen zwischendurch. Das ist monoton und langweilig. Aber gerade das, dieser Rhythmus, wird uns aus der Acedia befreien und uns wieder in Kontakt bringen mit unserer Vitalität.

Unsere Kultur vermittelt uns nicht, dass Wiederholung, Monotonie und fundamentale Handlungen lebensstärkend sind. In unserer neoliberalen Kultur werden wir vielmehr dazu aufgefordert, in der Stadt einkaufen zu gehen und nicht, die Natur zu genießen. Wir werden eher dazu verleitet, im Internet zu surfen, als ein Buch zu lesen. Wir werden angelockt, den Museumsshop und das angrenzende Restaurant zu besuchen, statt im Museum umherzuwandern. Es sind kleine, aber keineswegs unbedeutende Entscheidungen. Sie tragen allesamt dazu bei, dass wir unsere Fähigkeit zu staunen verlieren.

Ein weiteres bedeutendes Hindernis ist, sich nicht für *einen* Weg entscheiden zu können. Das heißt, der Weg ist der Weg, aber es gibt verschiedene Traditionen und Formen, für die man sich entscheiden kann, um den Weg auf eine solide und verantwortungsvolle Art und Weise zu gehen. Wir leben in einer »Zapp-Kultur«, viele Menschen probieren einmal dies und dann wieder jenes aus. Für die wirkliche Erfahrung müssen wir den *einen* »Platz« einnehmen und ausharren.

Bieke Vandekerckhove, eine Frau aus Flandern, die an der Muskelkrankheit ALS leidet und ein Buch über die Stille geschrieben hat, sagt, das Unglück der meisten Menschen bestehe darin, dass sie ein kleines Loch graben und denken: Das wird nichts. Kurze Zeit später erblicken sie etwas anderes, das besser aussieht: Das will ich auch mal versuchen. Wieder graben sie ein kleines Loch, bis sie erneut denken: Das wird nichts. Sie graben Loch um Loch um Loch, ohne jemals Tiefgang zu erreichen. Graben ist eine zähe Angelegenheit. Man muss durch viele Schichten der Sinnlosigkeit und der Langeweile hindurch. Es kostet Blut, Schweiß und Tränen. Es ist der einzige Weg. Es ist wie auf einem Pilgerweg. Unterwegs nach Compostela wird man nicht sagen: Ich möchte eigentlich lieber nach Bordeaux und nach rechts abbiegen.

Wir sind damit aufgewachsen, dass wir viele Optionen und alles im Überfluss haben. Vereinfachung müssen wir erst lernen. Vereinfachung bedeutet weniger, kleiner, bewusster und langsamer. Wir haben eine Mangelmentalität, und die Mangelmentalität bewirkt, dass die vorhandene Bandbreite in unserem Kopf sehr schnell voll ist. Deshalb ist die Idee, beispielsweise Arbeitslose härter anzufassen, nicht effektiv. Denn diese leben in einer Mangelmentalität. Sie sind den ganzen Tag mit dem Geld, das sie nicht haben, und den Rechnungen, die nicht gezahlt werden können, beschäftigt. Aber auch diejenigen, die nicht arbeitslos sind, sind Teil der Mangelmentalität, die auf das »away from«, auf das, was nicht da ist, ausgelegt ist. Eine Mentalität des Mangels führt zu unvernünftigen Entscheidungen, weil nicht ausreichend Bandbreite im Kopf vorhanden ist, um die Dinge umfassend zu überdenken. Der Raum wird zu sehr von Sorgen eingenommen.

In unserer (Kontemplations-)Übung verhält es sich anders, hier richten wir uns auf das »towards«, das »hin zu etwas« aus. Das meint eine Bandbreite, in der Raum verfügbar ist. Es ist deshalb so wichtig, dass wir lernen, uns zu fokussieren in unserer Wahl für *einen* Weg. Das ist Askese. Die Askese stellt die Fähigkeit, zu genießen und Beziehungen einzugehen, wieder her. Sich selbst einzuschränken, macht das Leben menschlich.

Ich habe nach dem Kauf eines Hauses selbst erleben können, wie Besitz zu einer Last werden kann, die eine gewisse Schwere ins Leben bringt. Das versprochene »eigene Reich« wurde zum goldenen Käfig. Ich habe das Haus bald wieder verkauft und wohne inzwischen sehr viel einfacher. Meine Freude, meine Selbstachtung und die Disziplin, die aus dem inneren Gleichgewicht erwächst, sind zurückgekehrt.

Weniger Besitz zu haben, bedeutet, Zeit und Energie für andere Dinge zu gewinnen. Wir werden freier in unserem Verhältnis zu den Dingen und können erkennen, dass sie uns nur vorübergehend anvertraut sind, sozusagen geliehen oder vermietet. Sie verselbstständigen sich nicht mehr und verlieren ihre Macht über uns. Auch das hängt mit der Vermeidung von Schmerz zusammen.

Wer sich für einen bestimmten Weg mit allen dazugehörigen Schwierigkeiten entscheidet, lässt andere Wege hinter sich. Das ist monoton, und es schmerzt. Indem ich diesen Schmerz zulasse, werde ich in meiner Seele berührt, mein Herz öffnet sich, und ich entdecke den Reichtum dessen, was mir auf diesem Weg geschenkt wird. Der Weg durch den Schmerz hindurch öffnet mein Herz und geleitet mich zu meinem wahren Wesen. Wer sich weigert, diesen Weg zu gehen, bleibt an der Oberfläche hängen und kommt letztlich nicht weiter. Wenn wir in die Kontemplation gehen, entdecken wir, während wir hinabsteigen, dass unsere Mangelmentalität sich transformiert in eine Mentalität des Vertrauens und des Überflusses.

In einer Kultur, in der nur unser Kopf zählt, lernen wir, uns zu identifizieren mit unserem täglichen Bewusstsein und unseren Gedanken. Besonders in einer Welt, die beherrscht wird von Bildern, flüchtigen Informationen und Geschwindigkeit, neigen wir dazu, nicht bis in den Bereich der Beseelung von Menschen und Dingen vorzudringen.

In ihrem Buch *The Work* beschreibt Byron Katie[18] eine Methode der Disidentifikation mit unseren Gedanken. *The Work* ist eine moderne Variante der Negation von Sprache und Überzeugungen. Katie hat eine Methode zur Auflösung unserer eigenen zwanghaften Gedanken entwickelt. Während der Kontemplation kann es vorkommen, dass ein Gedanke oder mehrere Gedanken sehr hartnäckig wieder und wieder zurückkehren. Sie haben uns offensichtlich etwas zu sagen. Wir unterziehen sie einer Untersuchung. Dadurch kann es still in uns werden, und es kann wieder Raum entstehen für das andere. Dazu richten wir vier Fragen an den entsprechenden Gedanken, mit dem Ziel, diesen Gedanken oder die dahinterliegende Überzeugung umzukehren. Es handelt sich bei Byron Katie um diese vier Fragen:

- Ist es wahr?
- Kann ich wirklich wissen, dass das wahr ist?
- Wie reagiere ich, wenn ich diesen Gedanken denke?
- Wer wäre ich *ohne* diese Überzeugung und wie ginge es mir?

Die Kraft der Umkehrung liegt darin, sich bewusst zu machen, dass alles, was wir über die Außenwelt denken, eine Projektion des eigenen Denkens ist. Wie innen, so außen. Byron Katie ist der Meinung, es gibt im Leben zwei Möglichkeiten. Entweder wir halten an unseren Gedanken fest, oder wir untersuchen sie. Ich bemerke bei den meisten Menschen, die zur Kontemplation kommen, tatsächlich diese Grundhaltung, sie untersuchen ihre Gedankenwelt. Es kommt nur selten vor, dass jemand an den eigenen Gedanken und Überzeugungen festhält. Das sind Menschen, die besser Bescheid wissen und alles verstehen wollen. Ihr Fokus liegt in der Außenwelt und in der Kontrolle über die Außenwelt.

Es besteht außerdem auch immer die Gefahr, dass wir uns mit unserem Körper identifizieren. Erzieherische Probleme und Sinnfindungsprobleme im Allgemeinen werden oft sehr schnell für medizinische Probleme gehalten. Anstelle von Selbstreflexion bedient man sich lieber eines medizinischen Etiketts und der dazugehörigen Medikation. Wellness, Nahrungsmittelindustrie und Sport sind Teil einer neuen »Religion«, in deren Mittelpunkt der Körper steht. Diese Identifikation kann uns gefangen nehmen in einschränkenden Gedanken. Daraus kann sich ein Gefängnis entwickeln, in dem wir zwar zeitweise vor Schmerz geschützt sind, aber nicht im wirklichen Leben ankommen.

Ein weiteres Hindernis ist der Perfektionismus. Diese Menschen haben meist hohe Erwartungen und sind ergebnisorientiert. Es soll möglichst alles sofort und auf der Stelle geschehen. Bei der inneren Reise verhält es sich genau umgekehrt: Sie ist sehr langsam und nicht selbst herbeizuführen. Es gibt lange Phasen des Nicht-Wissens, Nicht-Erlebens, der Dürre und der Langeweile. Viele Menschen geben dann auf. Sie sind enttäuscht von dem Weg, aber auch von sich selbst. Sie erkennen, dass es ihnen an Durchhaltevermögen fehlt und dass sie eigentlich eine andere Sehnsucht haben. Sie müssten die Kontrolle loslassen, und das wollen Perfektionisten nicht. Sie wollen den Überblick bewahren. Die innere Reise ist ein verschlungener Pfad, und wir wissen nie, was uns hinter der nächsten Kurve erwartet. Es geht darum, sich überraschen zu lassen, manchmal auf angenehme Weise, manchmal auf unangenehme Weise.

Ich merke es oft bei der Kontemplation selbst. Die Teilnehmer finden, dass es nicht gelingen will, dass es nicht gut geht, sie sich nicht richtig konzentrieren können, die Umgebung nicht still genug ist. Dies gehört zur Reise dazu, es ist ein Bestandteil der Reise. Es ist sogar positiv, wenn wir die Kontrolle verlieren und die Dinge nicht mehr nach unseren Wünschen arrangieren können.

Ein völlig anderes Hindernis ist die Unfähigkeit, eigene, nützliche Grenzen zu ziehen. Für den Aufbruch zu einer inneren Reise ist es wichtig, das innere Leben zu begrenzen. Sinnvolle Grenzen sind keine Mauern, sondern sie sind transparent und durchlässig, aber dennoch grenzen sie ab. Vor allem Frauen fällt es schwer, sich abzugrenzen, und so lassen sie alles und jeden in ihr Inneres kommen. Das kann sich negativ auswirken.

Offenheit ist nicht gleichbedeutend mit Grenzenlosigkeit. Wenn man es versteht, seine Grenzen zu ziehen, hat man eine eigene Identität. Es geht darum, sich dessen bewusst zu sein und bewusst Dinge und Menschen zuzulassen oder nicht zuzulassen. Grenzenlosigkeit schwächt unsere persönliche Identität, und mit einem schwachen Ego ist es schwierig, sich auf die innere Reise zu begeben. Hillesum erzählt bildreich in ihrem Tagebuch, wie »das Leben reich ist und von Minute zu Minute erobert werden muss, aber ohne dabei den tiefsten Kern zu vergessen«.[19]

Letzten Endes lautet die ultimative Frage immer: (Vor) wem (ver-)beuge ich mich? Vor meinem Ego oder vor etwas Größerem?

3. Mit dem Unreinen ins Reine kommen[20]

Mit unserem Schatten ins Reine zu kommen, ist die schwierigste Aufgabe auf dem Weg. Häufig sind wir noch in einer alten Moral gefangen. Wir mobilisieren Widerstand gegen das Böse, wollen es ausrotten, oder, was noch schlimmer ist, es wegargumentieren. Dabei sind der Schatten und das Böse doch in uns. Wir alle machen die Erfahrung, dass wir sowohl Engel als auch Teufel sind.

Der niederländische Theologe Tjeu van den Berk, der mit einer Arbeit über den deutschen Theologen Bonhoeffer promovierte, zitiert in seinem Artikel »De renaissance van het kwaad« Baudelaire, der einmal gesagt hat: »Es ist schwieriger, ›Gott‹ zu lieben, als an ihn zu glauben.«

Dagegen ist es für Menschen in diesem Jahrhundert schwieriger an den Teufel zu glauben, als ihn zu lieben.[21] Van den Berk zufolge sind es die Künstler, die an die Existenz des Teufels glauben. Nur sie und die Gläubigen. Allerdings scheint in der christlichen Religion der Glaube an die Wirklichkeit des Bösen verschwunden zu sein. In der Kunst kann man sich das Böse noch ungestört vorstellen. Dadurch wird es handhabbar, denn etwas, das man darstellen kann, verliert den Schrecken des Unsagbaren.

Dostojewskis Satz, wonach die Schönheit die Welt retten werde, erscheint, in diesem Licht betrachtet, richtig. Die Schönheit der Kunst bringt die Schrecken des Bösen unerbittlich ans Licht. Ich denke dabei, genauso wie van den Berk, hauptsächlich an die Filmkunst.

Mir ist aufgefallen, dass in vielen Filmen das Böse an sich zwar dargestellt, aber nicht besiegt wird. So zum Beispiel in dem Film *Das Leben der Anderen* von Florian Henckel von Donnersmarck aus dem Jahr 2006. Der Film zeigt die Grausamkeit und den Sadismus des Stasi-Regimes im Allgemeinen und der Menschen, die für das System tätig waren, im Besonderen. Die kleinen unsichtbaren Schikanen des Individuums. Wie der Stasioffizier die Frau eines Staatsfeinds verführt und schließlich in den Selbstmord treibt. Dasselbe gilt für *Der Zauber von Malèna*, einen italienischen Film von Guiseppe Tornatore aus dem Jahr 2000. Eine bildschöne Frau wird Opfer der Wut des Volkes. Es sind vor allem die grausamen weiblichen Stadtbewohner, die sie ohne Grund hassen. In diesen Filmen gibt es kein Happy End. Das Böse bleibt auf die eine oder andere Weise unerklärlich und ungreifbar.

Wenn wir unsere innere Reise ernst nehmen, werden wir uns selbst eingestehen müssen, dass wir Anteile von Licht und Düsternis in uns haben. Falls wir das nicht sehen wollen, bauen wir uns eine Scheinwelt auf. Das bedeutet, der Schatten besteht weiterhin, er wird aber nicht integriert. Er wird dann, in welcher Form auch immer, auf die Außenwelt projiziert. Das Zusammenführen des Bösen mit dem Guten in uns ist ein mühsamer und langwieriger Prozess. Früher oder später erkennen wir auf der inneren Reise, dass das Böse ein integraler Bestandteil von uns selbst ist.

Der entscheidende Punkt ist, die Spannung auszuhalten, die sich daraus ergibt, gleichzeitig Schatten und Licht zu sein. Das holt uns aus dem Schwarz-Weiß-Denken heraus. Wir werden dann nicht länger mit so etwas wie absoluten Werten und Wahrheiten leben. Gerade diese Akzeptanz der Grautöne in uns führt zu einem liebevollen Handeln. Wir akzeptieren das Dunkle in uns und können damit auch das Dunkle in anderen akzeptieren.

Van den Berk ist sich sicher, dass ein Mensch nur dann anderen gegenüber wirklich frei sein kann, wenn er die Existenz des Bösen anerkennt. Ein solcher Mensch wird sich von Fanatismus und Intoleranz fernhalten. Ich habe für mich die Erfahrung gemacht, dass dies ein langwieriger Prozess ist. Selbsterkenntnis ist eine beschwerliche Reise, bei der mich meine Schattenseiten des Öfteren in die Entmutigung gestürzt haben. Das Schwanken zwischen Übermut und Entmutigung beginnt dann langsam nachzulassen. Es entsteht mit zunehmender Dauer der Reise mehr und mehr ein Gleichgewicht.

Neben der Annahme des Bösen in uns selbst gibt es auch die Bewusstwerdung der Gegenkräfte außerhalb von uns. Wir werden merken, dass, sobald wir den Weg gehen oder erneut aufgreifen, die Schwerkraft und andere Gegenkräfte mobilisiert werden. Es verlangt eine wachsende Bewusstwerdung, um fortwährend wachsam und aufmerksam zu sein, ohne ängstlich zu werden. Denn mit den Gegenkräften kommen auch die unterstützenden Kräfte in Gang – wie die Gnade.

Hilfsmittel

Die Wüstenväter, insbesondere Evagrius Ponticus (gestorben 399 in Ägypten), geben uns einige sehr praktische Tipps mit auf den Weg. Für die Wüstenväter war es wichtig, an einem Ort zu bleiben. Sie drückten das dadurch aus, dass sie in einer Zelle blieben. Das könnte immer noch ein Heilmittel für Menschen von heute sein, die – aus reiner Unruhe – nichts lieber tun, als ihren Aufenthaltsort zu wechseln. Einen ganzen Tag allein zu Hause zu bleiben, müsste doch machbar sein. Für mich ist das jedenfalls Medizin gegen Negativität, Übermüdung und Verhärtung.

Ein sehr gutes Hilfsmittel ist das Schweigen. Evagrius benennt dieses Hilfsmittel nicht explizit, da die Wüstenväter Eremiten waren und sowieso schwiegen. Aus diesem Grund wird es nicht extra erwähnt. Ich persönlich würde es sogar noch vor das Alleinsein (zu Hause) stellen. Das Schweigen bringt mich immer sehr schnell zurück zu mir selbst. Es ist so, als würde durch einen Tag Schweigen mein Ego an Kraft verlieren.

Etty Hillesum, die keine Kenntnis von den Wüstenvätern hatte, sagt dazu Folgendes: »Das Heilmittel für mich: nicht sprechen, nicht nach außen hören, völlig still sein und versuchen, das Allereigenste von sich selbst in sich erklingen zu lassen und dieses zu belauschen. Das ist das einzige.«[22]

Filme stellen, wie bereits erwähnt, das Leben auf unvergleichliche Art und Weise dar und damit auch die innere Reise, denn »wie innen, so außen«. Ich durfte das vor kurzem wieder erleben, als ich den Film *Madame empfiehlt sich* von Emmanuelle Bercot (2013) sah. Eine ältere Frau, Bettie, lässt ihr altes, vertrautes Leben hinter sich und geht einer ungewissen Zukunft entgegen. Zunächst reist sie ein paar Tage allein mit dem Auto. Endlos in Stille umherfahren. Sie erlebt viele bizarre Situationen und begegnet besonderen Menschen, aber auch ganz schrecklichen Figuren. Dann folgt die Begegnung mit ihrem Enkel. Sie setzt nun ihre Reise zusammen mit dem Jungen fort und beginnt, immer mehr Freude über das Zusammensein mit ihm zu spüren. Er hat ihr Herz geöffnet. Alles deutet darauf hin, dass es mit ihr schließlich ein gutes Ende nehmen wird. Ich habe diesen Film als schöne Metapher für die innere Reise gesehen. Das Schweigen während der Autofahrten war in diesem Transformationsprozess unbewusst ein wichtiges Hilfsmittel.

In der Etappe »Mit dem Unreinen ins Reine kommen« wird von uns erwartet, dass wir den Weg »beschreiten«, offen sind für alles, was uns begegnet, dass wir unser Herz berühren lassen und unsere eigenen Überzeugungen loslassen. Dann wird es eine wunderschöne Reise. Der Film *Madame empfiehlt sich* endet mit den Worten: »Es lebe das Leben.«

Außerdem lernen wir in dieser Etappe, unsere Begrenzungen zu sehen. Was wir sehen, ist unser Hochmut, die vielen Begierden, Wut und Trauer in uns. Anderes wollen, aber nicht können. Nebel und Nicht-Wissen. Unser Wille zerstreut sich mit dem Ego in alle Richtungen. Wir wollen dies und das, hierhin und dorthin. Meistens geht es um das Habenwollen von Dingen, um Beziehungen und um allerlei kurzfristige Ziele. Was wir aber wirklich wollen im Leben, wissen wir gar nicht. Hochleistungssportler oder die CEOs großer Betriebe wissen es meistens schon. Man merkt das daran, wie effizient so ein ausgerichteter Wille funktioniert. Sie sind Gewinner im Außen.

Viel schwieriger ist es, seinen Willen auf nicht greifbare Dinge auszurichten. Es gibt dann kein sichtbares Resultat, die Gesellschaft wird uns nicht mit Applaus empfangen, und das Ego hat nicht viel davon. Das Hinabsteigen in uns selbst ist vergleichbar mit einem See. An der Oberfläche ist Bewegung, Leben. In der Tiefe herrscht regungslose Stille. Einmal losgelöst von allen Bildern, Gedanken und Emotionen, wird Raum für das Selbst frei. Das Stillwerden und das Leerwerden bringen die wahren Bedürfnisse an die Oberfläche. Da gibt es Hunger und gleichzeitig Wut, weil der Hunger nicht unmittelbar gestillt werden kann.

Hillesum erklärt, wie sie sich mit allem, was in ihr steckt, in Worte flüchten möchte, wie sie ein Unterdach aus Wörtern sucht für all das, was in ihr ist. Aber es gibt noch keine Wörter, die sie beherbergen wollen. Sie ist auf der Suche nach einer Unterkunft, nach einem Haus, in dem sie unterkommen kann. Sie muss dieses Haus selbst – Stein für Stein – aufbauen. »Und so sucht jedermann nach einem Haus, einem Zufluchtsort für sich.«[23]

Das Wichtigste im Leben ist, zu akzeptieren, dass es Dinge gibt, die unerfüllt bleiben. In jedem Leben gibt es ein gewisses Maß an Frustration. Wie geht man damit um? Wollen wir den Mangel sofort umwandeln in ein Substitut? Oder lassen wir die Frustrationen einfach zu und akzeptieren sie? Das lässt Raum in uns entstehen. Für mich persönlich sind die Frustrationsmomente in meinem Leben das Schwierigste und zugleich das Wichtigste gewesen. Wo eine Tür geschlossen wurde, öffnete sich ein Fenster mit neuen Möglichkeiten.

Diese dritte Etappe ist auch die Etappe der Sehnsüchte. Unsere Sehnsüchte haben noch keine Richtung, und inmitten aller Sehnsüchte können wir unsere Mitte verlieren und innerlich gespalten werden. Kontemplation ist der Blick auf das Ganze. Mit einem Fokus bewahren wir uns einen peripheren Blick, den Blick, der sich über das Leben verteilt und das Chaos zu einer Einheit schmiedet. Einige Sehnsüchte wollen jedoch in dieser Phase anerkannt werden. Dies ist somit auch die Etappe der Unterscheidungsfähigkeit. Was sind die oberflächlichen Sehnsüchte und was sind die tieferen Sehnsüchte, die wahrgenommen werden wollen? Das erfordert ein beharrliches, manchmal langwieriges inneres Arbeiten an sich selbst.

Was dabei hilft, ist das Führen eines Tagebuchs. In der Tradition sehen wir beispielsweise bei den *Geistlichen Übungen* des Ignatius von Loyola (1491–1556), dass sich der Schüler abends einer Gewissenserforschung widmet. Er ist angehalten aufzuschreiben, was es an Bewegungen und Gegenbewegungen seines Geistes wahrzunehmen gibt. Ich übersetze das in: »Wo ist das Ego am Werk und wo das Selbst?« In der Sprache der Wüstenväter: »Was ist hier die Stimme Gottes?« und »Was ist die Stimme des Teufels?«

Es ist hilfreich, dabei auf unsere Seelenqualität zu achten. Ist Urteil in uns, Negativität, oder sind es eher wohlwollende Gedanken, die aufkommen? Herrscht Melancholie vor, oder ist eine ausgeglichene Vitalität vorhanden? Die Gedanken, die aus unserem tiefsten Wesen kommen, erzeugen Ruhe, positive Gefühle, Vitalität und Friedfertigkeit. Gedanken, die aus negativ gefärbten Emotionen hervorgehen, bringen Unruhe, Unzufriedenheit, Ängste, Spannungen und Verwirrung mit sich. Die Gedanken des Egos verstreuen sich, sie lenken ab von meinem Fokus und zersplittern. Sie öffnen den »Dämonen« die

Tür. Wir können auch aufschreiben, wie an einem Tag die Gegenkräfte und die unterstützenden Kräfte in unserem Leben wirksam sind. Je nachdem, wie diszipliniert wir unser Tagebuch führen, finden wir unwiderruflich zur Klarheit.

Hillesum schreibt, man sollte am Ende eines jeden Tages zehn Minuten lang konzentriert darüber nachdenken, wie der Tag war, was er an Gutem und Schlechtem gebracht hat und was eine überflüssige Kraftanstrengung war.[24] Danach sagt sie, sie müsse »darauf achten, dass ich mit diesem Heft in Kontakt bleibe, das heißt mit mir selbst, sonst ergeht es mir übel, ich bin jeden Augenblick in Gefahr, mich ganz zu verlieren und zu verirren.«[25]

Schreiben ist ganz allgemein ein wunderbares Hilfsmittel. Es kann helfen, den Gedanken oder das Thema, welches uns stark beschäftigt, zu bearbeiten. Das habe ich selbst kürzlich erleben dürfen bei einem Thema, auf das ich innerlich völlig fixiert war.

Ich bin schnell verliebt in schöne, exzentrische Autos, ein Tick, den ich von einem meiner Großväter geerbt habe. Ich wohne an einem Platz, an dem man sehr außergewöhnliche Autos sehen kann. Es ist hier »the place to be«. Sehr schwierig für mich, denn ich habe gemerkt, dass mich das stark beschäftigt. Vor einigen Jahren habe ich ein unspektakuläres Auto gekauft, sozusagen als Gegengift, aber der Kauf hatte die entgegengesetzte Wirkung. Seitdem beschäftigen mich Autos noch mehr. Jetzt bin ich dabei, darüber zu schreiben. Wie es sich anfühlt in einem außergewöhnlichen Auto zu sitzen und damit umherzufahren, vom Oldtimer bis zum Sportauto. Dieses Schreiben hilft mir. Die Obsession lässt nach. Das Schreiben hat eine befreiende Wirkung. Witzigerweise kann ich mich jetzt wieder mehr an den Autos erfreuen, weil das Zwanghafte weg ist.

Ein weiteres gutes Hilfsmittel auf dem Weg ist das Lesen von Texten, die sich mit der inneren Reise auseinandersetzen. Aus eigener Erfahrung weiß ich, dass im Fall einer Acedia die Lust zu lesen gleich Null ist. Ich habe manchmal das Gefühl, dass mir das Lesen guttun würde, besonders während einer Acedia-Phase, aber es gelingt mir kaum, das Buch einfach nur in der Hand zu halten. Oder ich habe das Buch zwar in der Hand, schaue aber gleichzeitig ein Fernsehprogramm an oder checke meine Facebook-Seite. Der »Dämon« der Acedia flüstert uns zu, dass das doch alles zu nichts führt. Die Acedia greift unseren Willen an, deshalb ist sie so gefährlich.

Das Lesen sollte besondere Aufmerksamkeit erhalten. Es ist eines der wichtigsten Pfeiler der inneren Reise. Zuallererst lässt es uns wachsen. Wir entdecken eine Sprache für unsere inneren Erfahrungen. Wir erkennen uns in den beschriebenen Erfahrungen wieder, und sie erscheinen uns wie eine Metapher für unser Leben. Diese Wiedererkennung macht Freude. Wir sind – in unserem Erleben – nicht mehr allein. Mit Lesen meine ich das langsame Lesen, die *Lectio*, bei der es darum geht, zu sehen, wie die beschriebenen Erfahrungen Parallelen zum eigenen Weg zeigen.

Wenn wir durch einen eventuell schwierigen Anfang hindurchgehen, kommt ein Moment, an dem das Wort beginnt, auf eine sehr persönliche Weise zu uns zu sprechen. Das nennen wir auch Synchronizität. Wir können die persönliche Bedeutung des allgemeinen Wortes hören. Ich merke, dass ich bei Einleitungen oder Gesprächen relativ oft ein Zitat verwende. Dabei verwende ich keine Bücher, die ich gerade zur Hand habe. Die Zitate kommen aus meinem Herzen, wo sie vor langer Zeit als Samen angelegt wurden. Ich habe sie oft wiedergekäut, sie sind in mein Gedächtnis eingegangen, und manchmal greift der »Geist« in mir ein Wort davon heraus.

Der zweite Grund, warum das Lesen ein so wichtiges Hilfsmittel ist: Diejenigen, die das Lesen aufgeben, werden leichte Beute der Acedia. Geistliche Lektüre füllt die Leere auf, die entsteht, wenn wir unser Leben still werden lassen und vereinfachen. Unter geistlicher Lektüre verstehe ich Bücher und Texte, die uns auf unserem Weg ermutigen, von der inneren Reise berichten und/oder Zeugnis davon ablegen. Diese Lektüre wird uns vor der Acedia beschützen. Die Acedia wird zuschlagen, aber auch wieder verschwinden.

Lesen ist, so die britische Religionswissenschaftlerin Karen Armstrong, eine spirituelle Übung, die es dem Menschen ermöglicht, seine innere Welt zu betreten. Lesen ist Teil des persönlichen Transformationsprozesses. Wenn man über Texte nachsinnt und sich wieder und wieder mit ihnen auseinandersetzt, wird der Text zur inneren Realität. Lesen erhöht die Lebensqualität. Manchmal hört man jemanden sagen: »Ich lese nicht mehr.« Als ob der Transformationsprozess jemals vollzogen sein könnte. Ein Leben, in das Stille einkehrt und Verinnerlichung, das leerer wird an Bildern und Reizen von außen, muss genährt werden.

Lesen ist eine Disziplin, die früher oder später unser Herz öffnet, nachdem es jahrelang mit guten Texten genährt wurde. Bieke Vandekerckhove schreibt in ihrem Buch *De smaak van stilte* (*Der Geschmack der Stille*), dass das Lesen so etwas wie eine Humusschicht in unserem Inneren anlegt. Sie selbst lebe von der reichen Ernte, die die Humusschicht einer durchgehaltenen Lektüre hervorbringt.[26]

Lesen ist wichtig und befreiend. Durch das Lesen lernt man sich selbst und seinen verborgenen Kern neu und besser kennen. In einem Buch finden wir die Sprache und die Interpretation der Dinge unseres Lebens, für die wir selbst keine Worte finden. In diesem Sinn ist eine gute Lektüre wie ein Reiseführer durch das Leben. Wie im Vorhergehenden bereits gesagt, können auch Filme wundervolle Hilfsmittel auf der inneren Reise sein.

4. Das zermalmte und geöffnete Herz

Das zermalmte Herz ist ein Begriff der Wüstenväter. Es bezeichnet ein Herz, das weich wird, wenn die Selbstgefälligkeit zusammenbricht, wenn unsere Mauern einstürzen. Es kommt zu einem tiefen Bewusstwerden der eigenen Begrenztheit und der Aussichtslosigkeit eines Wegs aus eigener Kraft. Das zermalmte Herz ist ein Gewissen, das nicht in Ruhe gelassen wird.

Das ist etwas anderes als Schuldgefühle, bei denen man sich immer weiter im Kreis um das Ego dreht. Schuldgefühle psychologisieren. Das Gewissen zeigt eine natürliche Ordnung auf, so dass sich mein Kopf vor »etwas Größerem«, als ich selbst es bin, beugt.

Damit kommen wir zu einem anderen Begriff der Wüstenväter: *Intentio Cordis*. Bei der Intentio Cordis (»das Streben des Herzens«) ist in Bezug auf unsere Sehnsüchte und Wünsche ein wichtiger Unterschied zu machen. Hierbei geht es nicht mehr um eine Konzentrationsübung, sondern um die Frage, wohin unsere Sehnsucht sich ausrichtet. Dies verweist auf die Bewegung des Herzens in Richtung innere Mitte, wenn alles still wird.

Etty Hillesum schreibt, wie sie immer wieder neu erfahren durfte, wie weit das Herz werden kann und wie sie jedes Mal diese Weite erneut erobern musste. Sie glaubte, dass es für jedes Geschehen im Menschen ein Organ gibt, sodass der Mensch das Geschehen auch verarbeiten kann.[27]

Die Spiritualität der Wüstenväter ist eine Spiritualität des Herzens. Um zum eigenen tiefsten Wesen vorzudringen, muss man erst sein Herz finden. Das ist keine einfache Aufgabe. Authentische Selbsterkenntnis bedeutet lebenslanges Lernen. Dazwischen sind wir den sogenannten blinden Flecken unterworfen. Wir tragen durch »wishful thinking« Augenklappen in Bezug auf uns selbst. Außerdem werden wir in hohem Maß durch die egozentrierte Kultur, die vor allem unsere mentalen Funktionen anspricht, beeinflusst.

Hillesum schreibt in ihrem Tagebuch, ihr sei es das Allerwichtigste, »von ihrem Kopf zu ihrem Herzen zu kommen, oder weiß Gott wohin, jedenfalls dorthin, wo es mit mir mitatmet, wo es ein Teil von mir selbst geworden ist und wo es fast überwältigend und noch immer eine Quelle der erstaunten Entzückung ist.«[28]

Erstaunlicherweise ist dabei die Acedia ein Schlüssel zu dem zermalmten und geöffneten Herzen. Sie kann Wochen, Monate, ja Jahre dauern, aber früher oder später stürzt die Mauer um unser Herz ein. So kann durch eine Krise unser Herz aufbrechen. Wir können unser Herz natürlich auch verhärten und verbittern lassen. Wir stoßen an die Grenzen unseres Menschseins. Es gibt keinen Ausweg. Wenn wir uns dem, was größer ist als wir selbst, beugen, kann die Liebe in uns fließen. Es schafft Raum, wenn wir den Schmerz annehmen. Unser Herz ist zermalmt, weil es verletzt wurde, und genauso ist unser Stolz zermalmt. Unser Kopf beugt sich und das Herz kann atmen. Das geht zwar mit Schmerzen und Tränen einher, aber in uns fließt es.

Wir können auch spüren, dass unser Herz manchmal wie eingeklemmt ist und es in unserem Inneren nicht mehr richtig fließen will. Als wären alle Abflusskanäle um unser Herz herum verstopft. Diese Erfahrung kenne ich persönlich sehr gut. Ich bin von Natur aus eher mental ausgerichtet, und Emotionen und Herzangelegenheiten finde ich keine einfache Sache. Es kommt vor, dass dieses »Kopfgebäude« einstürzt, und dann fühle ich trotz der Tränen die Erleichterung und dass die Emotionen sanfter werden.

Wundersam ist, dass der persönliche Unterricht im Kloster immer auf das »Zum-Herzen-Bringen« ausgelegt war. Beim Gespräch, im Dialog mit meiner Betreuerin, ging es nie um mentale oder organisatorische Fragen, sie hat mich aber immer nach der Verfassung meines Herzens gefragt. Ich habe das damals nicht immer verstanden. Das Herz ist so ein abstrakter Begriff. Aber jetzt, da ich öfter mein Herz spüre, verstehe ich, was sie meinte. Ein sanftes Herz kann man fühlen. Es zeigt sich in einer milden Gemütsstimmung, die sanftmütig macht.

Ein weiterer Schlüssel zu einem geöffneten Herzen kann das Berührt-Werden durch jemandem oder etwas sein. Meistens sind es andere Menschen, die Begegnung von Seele zu Seele. Bei Hillesum war das sehr stark ihr Kontakt mit Julius Spier, der von Berlin nach Amsterdam geflohen war. Sie kommt im Kontakt mit ihm zu sehr tiefen Erfahrungen. Sie schreibt, dass er die Kräfte, über die sie verfügte, in ihr freigesetzt hat. »Du hast mich gelehrt, unbefangen den Namen Gottes auszusprechen. Du warst Vermittler zwischen Gott und mir, und nun bist du, mein Vermittler, fortgegangen, und mein Weg führt mich geradewegs zu Gott [...]. Und nun will ich meinerseits zur Vermittlerin werden für alle anderen, die ich erreichen kann.«[29]

Gleichzeitig sagt sie auch, dass das Leben selbst immer der Ursprung bleiben muss, dass es nie ein anderer Mensch sein kann. In der Beziehung zu Spier ist sie gewachsen. Zuerst war die Rede von einer stark erotisch gefärbten und besitzergreifenden Liebe zu ihm, im Verlauf der Zeit wurde diese in eine nicht mehr selbstsüchtige, sondern befreite Liebe umgewandelt. Von exklusiven Gefühlen der Liebe zu ihm zu mehr inklusiven Gefühlen für die ganze Menschheit.

Das Öffnen des Herzens kann auch bei einer Geburt stattfinden. Das Wunder eines neuen Lebens berührt uns bis in die äußersten Winkel unserer Seele. Erst kürzlich hat mir eine Frau erzählt, wie sie nach der Geburt ihres Kindes das Gefühl einer tiefen Hingabe hatte. Mit dem Wunder des neuen Lebens war in ihr das Bedürfnis zur Anbetung und Verehrung, zur Verbeugung vor »etwas Größerem« als sie selbst entstanden.

Auch wenn ein uns naher Mensch stirbt, können wir intensiv berührt werden. Wenn zum Beispiel die Eltern sterben, ist es, als würde ein Teil von uns selbst weggehen. Das Herz weitet sich mit dieser Endlichkeit vor Augen. Das Fenster zur Ewigkeit wird plötzlich geöffnet. Mir ist es beim Sterben meiner Mutter so ergangen. Es war, als würde ein Teil von mir selbst mitgehen. Wochenlang war ich »weg von der Welt«. Wenn ich mich in der Welt bewegte, kam es mir so vor, als würde ich einem Theaterstück beiwohnen. Ich war Zuschauerin, nahm aber nicht teil. Erst allmählich kam ich wieder an und nahm wieder am Leben teil. Es hat Wochen gedauert. Ich hatte dabei das Gefühl, dass mein Herz in Scherben lag, es hat mich physisch richtig geschmerzt. Zum ersten Mal habe ich begriffen, was es bedeutet, ein gebrochenes Herz zu haben.

Wenn wir das Kind in uns anschauen, kann dabei ebenfalls unser Herz sehr schnell geöffnet werden. Irgendwann haben wir als Kinder das Paradies verlassen. Freiwillig oder unfreiwillig haben wir das Urvertrauen, die Freude und Verwunderung losgelassen und sind in das »Große-Leute-Leben« hineingegangen. Wir sind in der Welt des Egos gelandet. Das ist im Evangelium gemeint, wo es heißt: »Wenn ihr nicht werdet wie die Kinder, werdet ihr nicht in das Reich eingehen.« Das muss richtig verstanden werden. Das Kind, dessen Ego noch unbegrenzt ist, wird vermutlich in engerem Kontakt zur Wirklichkeit stehen als seine Eltern, aber ohne die Hilfe dieser Eltern kann es nicht überleben und ist auch nicht in der Lage, seine Weisheit auf andere zu übertragen.

Der Weg der Transformation verläuft über das Erwachsensein. Ich spreche hier somit auch vom Anschauen des inneren Kindes in uns, wobei wir als Erwachsene längst deutlich unsere Identität ausgebildet haben. Sonst könnten wir sie auch gar nicht übersteigen.

Der (Schnell-)Weg schlechthin zum Öffnen unseres Herzens ist, den Kontakt zu unserem inneren Kind herzustellen. Diesen Weg gehen nur wenige. Viele setzen selbst ein Kind in die Welt und sehen darin sich selbst als Kind. Aber es ist mehr als das. Es geht um den inneren Kontakt zu dem Kind in uns.

Nehmen Sie es in Ihrer Phantasie in den Arm, liebkosen und halten Sie es. Sie werden merken, dass das manchmal sehr schwierig ist. Weil da unser größter Schmerz sitzt.

Wir haben nicht einfach so das Paradies verlassen. Dahinter steckt ein Grund, und genau darin besteht unsere größte Verletzung. Vielleicht war es die Tatsache, dass wir in die Pubertät gekommen waren: die komplexeste Übergangssituation in einem Menschenleben. Viele werden nicht oder nur bedingt in dieser Phase begleitet. Wenn wir in Kontakt mit dem verletzten Kind in uns sind, können wir durch die Verletzungen hindurch das unbeschädigte Kind in uns entdecken. Wenn das geschieht, sprudelt es plötzlich in uns vor Vitalität und Freude.

In dem Film *Madame empfiehlt sich* kann man beobachten, wie Bettie, die Hauptfigur, während ihrer Reise durch die Begegnung mit ihrem Enkel in Kontakt kommt mit ihrem inneren Kind, mit ihrem tiefsten Wesen. Sie wird weicher und kann das Leben in all seinen Facetten wieder zulassen. Die Verbitterung weicht der Verwunderung. Sie findet wieder Gefallen am Leben.

Ein weiterer Schlüssel, der geeignet ist, unser Herz zu öffnen, ist die Lektüre eines Textes, der uns berührt. Wir werden kurzzeitig herausgehoben aus unserer kleinen Egogeschichte und gehen in einer größeren Geschichte auf. Wir werden innerlich weich, und wir empfinden eine gewisse Offenheit. Es ist, als ob uns das Lesen bestimmter Wörter und Texte einerseits unsere innere Zerrissenheit und Verhärtung bewusst macht und uns andererseits auf dem Weg ermutigen und neuen Elan schenken kann. Schon das Lesen an sich kann uns tiefes Verstehen und große Einsicht bringen, wodurch wir die Kraft finden, weiterzugehen. Die Momente der Wiedererkennung in bestimmten Büchern vermitteln uns Hoffnung und Freude.

Auf unserer Lebensreise ziehen wir uns allerlei kleine und große Blessuren zu. Gehen wir rasch über alle Verletzungen hinweg, stapeln sie sich in uns, und irgendwann merken wir, dass sich unser Herz verschlossen hat. Es ist dann so, als ob wir nicht mehr zur Tiefe des Lebens gelangen könnten. Etwas in uns ist dann zerbrochen, und wir bleiben an der Oberfläche hängen. Irgendetwas hält uns davon ab, in die Tiefe zu gehen. Es sind die Verletzungen und die Wut, der Schmerz und die Trauer, die dahinter verborgen sind.

Aus diesem Grund ist es so wichtig, den inneren Weg zu gehen. Wir bleiben dadurch in Kontakt mit allem, was in den tieferen Schichten unseres Seins lebt. Und, es behütet uns davor, über die Dinge, die in uns lebendig sind, hinwegzugehen oder sie zu verdrängen, was nur dazu führt, dass sie verzerrt und in falschen Momenten an die Oberfläche treten.

Die direkte Konfrontation mit bestimmten Themen bewirkt, dass wir die Tür zur Vergebung öffnen. Vergebung ist ein sehr wichtiger Schlüssel zum Herzen. Um zu den tieferen Schichten in uns selbst hinabsteigen zu können, werden wir uns dem Prozess der Vergebung stellen müssen. Vergeben ist nicht dasselbe wie Versöhnung. Um zu vergeben, ist es nicht notwendig, eine Beziehung wieder herzustellen oder neu beginnen zu lassen. Manchmal genügt es schon, unsere Unfähigkeit zur Vergebung jener Figur zu übergeben, die für uns das Symbol für die Verbindung zur geistigen Welt ist. Für jeden von uns ist das eine andere spirituelle Figur. Das kann ein Engel sein, Jesus, ein naher Mensch, jemand der bereits verstorben ist, oder jemand, der noch lebt.

Dieses Abgeben von etwas, das uns beschwert, können wir auch in Bezug auf die Vergebung durch uns selbst praktizieren. Oft ist es so, dass es uns schwerfällt, uns selbst zu vergeben für allerlei Dinge oder Umstände, die anders gelaufen sind, als wir gewollt haben. Meistens haben wir hohe Erwartungen an uns selbst und unsere Lebensreise. Wenn diese Erwartungen in einer stark auf Erfolg ausgelegten Kultur nicht erfüllt werden, machen sich Enttäuschung und Ernüchterung breit. Wie gehen wir damit um? Der Schlüssel ist, uns selbst zu vergeben. Vergebung für das, was in unseren Augen schiefgelaufen ist in unserem Leben. Sehr subtil machen wir uns selbst verantwortlich für unsere eigene Lebensgeschichte. Das ist aber nicht richtig. Wenn wir uns selbst vergeben, kann sich das Herz wieder öffnen und weicher werden. In uns kann es wieder fließen.

Ein weiterer wichtiger Schlüssel für ein offenes Herz ist ein gewisses Gleichgewicht zwischen Geben und Empfangen. Es ist wichtig, Grenzen zu ziehen. Weil das für uns alle eine ziemlich schwierige Übung ist, wechseln wir manchmal von einem Extrem ins andere. Wenn unsere Grenzen zu Mauern geworden sind, kommt das Herz in einen Würgegriff und kann nicht mehr atmen. Entscheidend ist, offen zu bleiben und zu akzeptieren, dass wir manchmal Grenzen überschreiten, uns aber immer wieder neu positionieren können. Es geht darum, nicht zu lange in solchen Situationen hängen zu bleiben. Dieses Gleichgewicht muss immer wieder nachjustiert werden. Es ist keinesfalls mit einem Mal getan.

Dasselbe gilt für das Gleichgewicht zwischen »Distanz und Nähe«. Für jeden von uns liegt das Gleichgewicht woanders. Wir müssen alle unser persönliches Maß finden und bewahren. Phasen mit zahlreichen Begegnungen und viel Intimität sollten sich mit Phasen des Alleinseins abwechseln. Nochmals: Das Gleichgewicht liegt für jeden Menschen woanders.

Der Schlüssel zum engen Tor, das zu unseren tieferen Ebenen führt, befindet sich auf der Ebene des Herzens. Wir werden akzeptieren müssen, dass sich unser Herz wie eine Blume schließen und öffnen kann. Das Herz ist verwundbar und, um es geöffnet zu lassen, braucht es gute Fürsorge, Achtsamkeit und Behutsamkeit. Wir werden auch akzeptieren müssen, dass wir nicht immer Einfluss darauf haben, ob sich das Herz verschließt oder nicht. Wenn wir uns so verhalten, werden wir die Fühlung mit unserem Herzen halten können und unseren Weg nach innen fortsetzen können.

5. Das Paradoxon als mystische Sprache

In der christlichen Tradition lassen sich zwei unterschiedliche Arten der Mystik unterscheiden. Einerseits die der Einswerdung auf dem Urgrund der eigenen Seele, der Wesensmystik, auch der apophatische Weg genannt. Andererseits die sogenannte Brautmystik, die sich seit dem Mittelalter entwickelte, auch der kataphatische Weg genannt.

Die Wüstenväter waren die Begründer der Wesensmystik. Diese wird gekennzeichnet durch die Stille und eine Leere des Geistes. Es wird nicht über Gott »geredet«, sondern es geht um ein »Erfahren« des »Urgrunds« aller Dinge. Über die ersten Phasen der inneren Reise haben die Wüstenväter berichtet, über die späteren Phasen des Wegs blieben sie, wie schon angedeutet, äußerst schweigsam. Ich werde deshalb ab jetzt mehr die zeitgenössischen Mystiker zu Rate ziehen: Etty Hillesum und Erik van Ruysbeek, ein Flame, der über seine mystischen Erfahrungen publiziert hat. Auch meine eigenen Erfahrungen werde ich wiedergeben.

Derjenige, der durchhält und weiterhin schweigend in der

Stille wartet, steigt hinunter wie in einen See der Stille, in dem er völlig von Stille umgeben ist. Hier sind wir befreit von Emotionen und Zerstreuungen und vor allem von uns selbst. Indem wir uns selbst loslassen, kommen wir in Kontakt mit einer sehr tiefen Weisheit. Wir kommen in Berührung mit dem Urgrund unserer Seele. In unserem stillen Sitzen erleben wir Momente der Versunkenheit, Bruchteile von Sekunden, in denen die Grenzen unseres »Ichs« verschwinden.

Der flämische Lehrer Erik van Ruysbeek (1915–2004) hat über die Mystik geschrieben und sehr nüchtern seine Erfahrungen beschrieben.

Er schreibt: »Während eines Sommerurlaubs in der Bretagne, kurz nach meinem einundfünfzigsten Geburtstag, war ich in dem kleinen Dorf Ploumanac'h zum Einkaufen unterwegs und kehrte gegen Mittag unter der glühenden Sonne zum Campingplatz zurück. In einem bestimmten Augenblick, von Genuss und Wohlbefinden so gut wie gesättigt, mitten in der Sonne und umgeben von Hunderten summender Insekten, blieb ich auf einem kurzen Hohlweg stehen, um diesen Genuss vollständig und ruhig in mich aufzunehmen. In so etwas wie einem zeitlosen Augenblick, der in dem Moment, da er mir bewusst wurde, vorbei war, geschah das Nicht-Mitteilbare. Dieser mystische Bruchteil einer Sekunde war keine Lücke in der Zeit. Wenn man die Zeit in unendlich kleine Einheiten teilt, die aufeinander folgen, dauerte dieses Aufblitzen nur so lange wie eine einzige dieser Einheiten, zu klein, um messbar zu sein. In einer solchen unendlich kleinen Zeiteinheit vollzog sich die Totalität der Erfahrung. Es war, als würde der allwissende, allseiende Raum über mir sich meiner annehmen und mich an diesem All-Wissen und diesem All-Sein teilhaben lassen.«

Exkursion 3

In der Wesensmystik beziehungsweise auf dem apophatischen Weg ist das Suchen nach Gott kein wirkliches Suchen. Das Göttliche entfaltet sich vielmehr in und durch uns, es kommt in uns ins Bewusste. Wir können das nicht selbst herbeiführen, wir können nur loslassen und das Göttliche sich entfalten lassen. Die Wesensnatur offenbart sich, wenn wir ihr nichts in den Weg legen. Die Erlösung ist eine Erlösung unseres »Ich«-Bewusstseins. Dadurch kann sich das, was wirklich ist, entfalten. Die Wesensmystik weiß, dass das Festhalten an jedweden Gottesbildern eine Projektion ist.

In der Brautmystik oder auf dem kataphatischen Weg werden Metaphern, Worte, Vorstellungen und Begriffe geradezu kultiviert. Gott ist in der Brautmystik sehr deutlich eine Person, ein »Du/Sie«. Ich bin der Überzeugung, dass es sich um eine Vorstufe der Wesensmystik handelt. Der kataphatische Weg ist ein Weg der Dualität und Polarität. Man befindet sich noch in der Welt der Formen. Diese ist am Inhalt orientiert und geht von der Überzeugung aus, die Formen seien notwendig, um zu Gott zu finden.

Auf dem Weg der Kontemplation, so wie er in diesem Buch beschrieben wird, gehen wir in die Formlosigkeit der Wesensmystik hinein. In der Anfangsphase nutzen wir Symbole als Hilfsmittel für den Fokus. Das bedeutet, dass die Kontemplation anfangs den kataphatischen Weg geht. Das ist, wie gesagt, anfangs der Fall, und es hat zum Ziel, unser Bewusstsein – aus den Zerstreutheiten des Alltagsbewusstseins – zu bündeln. Am Ende wird uns das Fokussieren unseres Bewusstseins zu einer großen Stille führen, in der Bilder und Begriffe, oder anders gesagt: Inhalte, wegfallen. Die Symbolik, das Schreiben und Lesen sind nur dazu da, den Geist nach innen zu wenden, zu sammeln, zu konzentrieren und dauerhaft anzulocken.

Weiter schreibt Erik van Ruysbeek: »Das All wurde in mir anwesend und metamorphosierte mich zu sich selbst, zu All. Es hat mich für sich eingenommen und mich zurück in meine ursprüngliche, meine einzig wahre Wirklichkeit gebracht. Ich war wieder zu Hause. Ein verlorener Sohn hatte seine einzige, wahre Natur wiederbekommen. Ich ging weiter, als ob nichts geschehen wäre. Ich trug aber nun einen Schatz in mir, dessen Folgen sich erst in den nächsten Stunden und Tagen offenbaren würden und bis zum heutigen Tag anhalten.«[30]

Dieser ultimativen Erfahrung gingen bei van Ruysbeek kleinere Erfahrungen dieser Art voraus. Ich zitiere noch eine, die er mit ungefähr sechzehn Jahren hatte.

»Ich ging, schwer gebeugt von einer gewaltigen Schultasche, im dunklen Schatten einer doppelten Reihe von Kastanienbäumen auf der Ijzerlaan-Straße von der Schule nach Hause – und durch meine psychische Hölle. Vor allem innerlich hatte ich übertrieben mit der inneren Wertlosigkeit, und ich hatte mit allerlei Schwächen meiner kleinen Person zu kämpfen. Im Verlauf von ein paar Wochen hatte sich dieser Trübsinn zu einer Klimax der Verzweiflung gesteigert. […] Am Ende der Ijzerlaan-Straße musste ich durch eine baumlose Stelle, in der Licht und Feuer der vollen Sonne plötzlich auf mich niederprasselten. Da geschah es. Ich blieb stehen und wandte mein Gesicht der Sonne zu. Ich schaute in die Sonne. In einem wunderbaren winzigen Moment hat sich alles ereignet und war vorbei. […] Ich schaute in die Sonne. Die Sonne traf mich. Etwas in mir sagte: ›Ich und die Sonne, die Sonne und ich.‹ […] In diesem Augenblick war ich ein Gotteskind, und ich fand alles völlig natürlich, ja nur so möglich.«[31]

Die von van Ruysbeek abgelegten Zeugnisse zeigen, wie schwierig es ist, die Erfahrung in Worte zu fassen. Seine schönsten Zeugnisse sind denn auch seine Gedichte, unter anderem die, die in dem Gedichtband *Zangen van ongrond* veröffentlicht wurden.[32]

Wir befinden uns in der Phase der Kontemplation, die nur noch mit einer paradoxen Sprache in Worte gefasst werden kann. So sind die Schriften von Dionysius ein klassisches Beispiel für die paradoxe Sprache: »flüsternd schweigend«, »fruchtbare Wüste«, »tonloser Ton«, »stilles Geschrei«. Das sind gewagte Sprachbilder, die versuchen, die mystische Erfahrung zu benennen. In van Ruysbeeks Beschreibung kommt zudem zum Ausdruck, wie das Paradoxon ein wichtiges Kennzeichen der eigentlichen Erfahrung ist. Das Paradoxon von einerseits der Nichtigkeit des Menschen und andererseits seinem kosmischen Bewusstsein der Universalität. Er ist zur gleichen Zeit nichts und alles. Das Wort »Gott« bekommt eine völlig andere Bedeutung. Es steht für den Urgrund aller Dinge, das neutrale *Sein* ohne bekannten Ursprung (Herkunft), ohne persönlichen Charakter. So ist diese Phase auch die Phase, in der die Bilder und Symbole, mit denen wir uns womöglich unbemerkt und unbewusst identifiziert haben, sterben. Das Schweigen ist der einzige Weg zu dieser entferntesten Erfahrung.

Mystische Erfahrungen können die Form eines unerwarteten Moments der Einsicht und Klarheit annehmen. Die Wahrheit ist greifbar; das Leben ist einfach, klar und unkompliziert. Diese Erfahrungen können das Resultat längerer Phasen der Stille und Konzentration sein, aber manchmal kommen sie gleichsam wie aus dem Nichts.

Ich selbst beschreibe in meinem Buch *In der Stille hörst du dich selbst* meine eigene Erfahrung so: »Trotz der vielen Arbeiten und Aktivitäten rund um das Kloster in Opgrimbie bestand meine Betreuerin darauf, dass wir weiterhin unseren Studien nachgingen. […] Eines Tages saß ich wieder im Unterricht, mein Kopf war ganz woanders, aber ich hörte dennoch zu. Als ich den Satz ›L'acte est antérieur à la puissance‹ (Handeln geht der Fähigkeit zu handeln voraus) von Aristoteles hörte, passierte es. Plötzlich sah ich es. In diesem einen Satz war alles enthalten. Mit einem Mal war alles kristallklar, und die Nebel waren verschwunden. Alle Schleier waren weg. Ich sah es sehr deutlich, und doch gab es bei dieser Wahrnehmung kein »Ich« mehr. Das war ES. Es ist beinahe unmöglich, die richtigen Worte dafür zu finden, aber die Erfahrung als solche hat Wochen und Monate in mir weitergewirkt. Ich hatte ein Gefühl des Glücks in mir, und gleichzeitig durchschnitt es meine Seele wie ein zweischneidiges Schwert. Altes würde nie mehr so sein, wie es war, etwas Neues stand vor der Tür. Noch

Jahre später war dieser Satz täglich in mir. Er hat für mich alles verändert.«[33]

Das Faszinierende ist, dass die mystischen Erfahrungen auf die betreffende Person zugeschnitten zu sein scheinen. Ich bin eher ein mentaler Typ und mache eine solche Erfahrung anhand eines metaphysischen Satzes von Aristoteles. Andere, wie van Ruysbeek, erleben das bei einem Spaziergang. Einmal hat mir eine Frau erzählt, dass sie sich urplötzlich in einer solchen Erfahrung befand, als sie das Blatt eines Baums betrachtete. Auf einmal fiel ihr »Ich« weg, nur noch das Blatt war da. Eine solche Erfahrung dauert wenige Sekunden, ist aber entscheidend. Im Inneren findet eine Verschiebung statt.

Jemand anderes hat mir geschrieben, wie beim Gehen und Telefonieren und Schreiben nur noch die eine Bewegung, die eine Nummer, das eine Blatt Papier vorhanden waren. Es klingt banal und ist trotzdem für denjenigen, der es erlebt, ein Wunder. Ich habe es erst kürzlich noch erlebt, beim Läuten einer Glocke. Es gab plötzlich kein »Ich« mehr, nur das Geläute, ein einziges, großes Glockengeläute. Ich war Geläut. Auch hier passiert etwas auf eine Art und Weise, die zur entsprechenden Person passt. Ich bin von Natur aus ein sehr auditiver Typ, was meine »Liebe« für die Stille erklärt. Ich höre die Stille buchstäblich und genieße das intensiv. So ist es beinahe selbstverständlich, dass die Erfahrung während eines auditiv wahrnehmbaren Geschehens stattfindet.

Besondere Erscheinungen können die Folge von bestimmten Stille-Übungen sein. Wenn der Geist zur Ruhe kommt, erhalten wir Zugang zu allerlei mentalen Aktivitäten, die uns sonst meist gar nicht bewusst sind. Sie sind sehr real, und oft werden solche Erfahrungen als mystische Erfahrungen interpretiert. Aber sie treten im Bereich der Form auf. Es ist wichtig, bei diesen Erfahrungen zu unterscheiden, ob sie zum Bereich der Gegenkräfte gehören oder zu den unterstützenden Kräften. Es empfiehlt sich, diesbezüglich wachsam zu sein.

Die mystische Erfahrung geht einher mit dem Gefühl der Freude, das einen Zustand der Glückseligkeit erreichen kann. Ein weiteres Merkmal ist das Gefühl der Erneuerung, der Regeneration, der Geburt eines neuen Lebens in uns. Es wächst ein Urvertrauen in uns – und Geduld, Einsicht, Weisheit. Wir werden auf dieser Ebene stiller. Wir lassen bestimmte Dinge und Menschen hinter uns. Ein gewisser hektischer Lebensstil passt nicht mehr zu uns. Was wirklich zu uns passt, wissen wir oft noch nicht so genau. Wir betreten ein gewisses »Niemandsland«.

Wenn wir in der Stille hinter der Stille ankommen, gelangen wir zu dem nicht benennbaren Mysterium. Auf dieser Berührungsfläche von Immanenz und Transzendenz wächst in uns ein sehr tiefes Grundvertrauen. Ein Grundvertrauen, das uns aus keiner psychologisch-therapeutischen Perspektive zuteilwerden kann und auch nicht durch die ideale Erziehung. Wir werden Teil des unendlichen Seins. Am Kreuzungspunkt von Immanenz und Transzendenz brechen wir aus dem Kokon des Egoismus, der Selbstsucht und des Materialismus aus. Unser Handeln wird immer mehr ein Spiegel dieses unendlichen »Zuhauses«.

Etty Hillesum findet, dass man sich selbst sein eigenes Vaterland sein muss. Man kann schließlich überall »zu Hause« sein, weil wir alles in uns tragen. Dieses »An-jedem-Ort-zu-Hause-Sein« fasst die Erfahrung des unendlichen Seins sehr treffend in Worte. Hillesum beschreibt weiter, wie der Prozess von einem mentalen Wissen zu einem Erfahren verlaufen ist. Denn, so sagt sie, früher war sie mit all ihren kraftvollen, gut fundierten Theorien doch nur ein flatterndes, unsicheres Vögelchen. Und jetzt ist da in ihr dieses Kraftzentrum, das auch nach außen hin Kraft ausstrahlt.[34]

Das Gefühl einer Neugeburt und eines Regenerationsprozesses wird von Hillesum an der Stelle beschrieben, wo sie von einer Nacht berichtet, während der sie auf dem Rücken lag und sich als Teil eines großen Wachstumsprozesses empfand. Sie hatte plötzlich das Gefühl, dass ihre innere Landschaft so aussah wie weite Getreidefelder, die gerade heranreiften. Sie spürte, wie etwas in ihr konsolidiert wird, wie sie dabei war, mit allem zu verwachsen und nicht mehr am Schweben zu sein.

Ich beende dieses Kapitel mit einem Gedicht von Erik van Ruysbeek aus seinem Gedichtband *Zangen van ongrond*. Im Anschluss daran folgen ein paar Gedichte aus meinem Buch *In der Stille hörst du dich selbst*. Die poetische Sprache eignet sich meist sehr gut, die mystische Erfahrung wiederzugeben.

Heimkehr

Wer in das Wasser sinkt, wird Wasser
Die Fische gleiten durch ihn
Wer durch die Wälder schweift,
wird Baumstrunk und Blätterwerk
Die Hirsche steigen durch ihn
Wer sich in Klänge stürzt, wird Musik
Er dehnt sich aus in Wellen
Wer in die Liebe eintaucht, wird Liebe
Nie mehr kommt er nach oben.[35]

Wenn ich spreche,
Ist da ein »Ich«,
Wenn ich schweige,
Ist Sein.[36]

Ich will
Sitzen
Schweigen
Sein,
Sitzen
Schweigen
Sein,
Bis es kein
»Ich«
Mehr gibt,
Nur noch Sein.[37]

Es ist
Mucksmäuschenstill
Windstill
Totenstill
Stille vor
Dem Sturm
Oder einfach
Still.[38]

Worte
Wollen
Überzeugen,
Be-greifen.
Stille
Lass los.
Lass zu,
Dass es
Still ist,
Sehr still.[39]

6. Die dunkle Nacht der Seele

Nach der vorherigen Etappe gleiten wir nahezu unbemerkt in die Etappe der dunklen Nacht der Seele. Unsere innere Welt mit ihrem Rüstzeug kippt. Wir treten in einen formlosen Zustand ein. Das Ego wird hier »sterben« an der Welt der Form. Das fühlt sich an wie ein großer Seelentod. Diese Etappe kommt in den beiden mystischen Traditionen, der Wesensmystik und der Brautmystik, vor. In Letzterer wird sie allerdings etwas theatralischer beschrieben.

Wie ich in der Einleitung bereits sagte, geht es hier nicht um eine einmalige Krise. Unser Leben wird gekennzeichnet von Übergangsphasen. Das ist der zirkuläre Verlauf des Lebens. Wir gehen zwar von A nach B, aber nicht linear. »Leben muss man das ganze Leben lang lernen, und, worüber du vielleicht noch mehr staunst, das ganze Leben lang muss man lernen zu sterben«, schrieb Seneca vor mehr als zweitausend Jahren in *Von der Kürze des Lebens*.[40]

Müssen wir sterben, um zu sterben? Nein, wir müssen sterben, damit wir wieder geboren werden können. Wenn in uns eine neue Form das Licht des Lebens erblicken will, muss erst die alte Form sterben. Wollen wir erfolgreich durch die Übergangsphasen und Krisen hindurchkommen, müssen wir uns von unseren vertrauten alten Denk- und Handlungsweisen verabschieden. Das bedeutet spirituelles Wachstum, und dazu werden wir in dieser Etappe eingeladen.

Etwas aufzugeben, was einem lieb und vertraut ist, geht Hand in Hand mit depressiven Symptomen. Da das Verabschieden oder der Verlust des alten Menschen einen essenziellen Teil unserer spirituellen Entwicklung ausmacht, ist die Depression ein gesundes und tatsächlich normales Phänomen. Oft möchten wir nur von den Symptomen unseres Wachstumsprozesses befreit werden, damit »alles wieder so wird wie früher«. Unser Unbewusstes weiß aber, dass es keinen Weg zurück gibt. Auf der Ebene des Unbewussten beginnt dann das Auf-etwas-Verzichten, und das Wachsen setzt ein. Die Depression manifestiert sich. Die Depression versucht uns deutlich zu machen, dass die Zeit der Anpassung gekommen ist und dass sich – will der Prozess sinnvoll und konstruktiv verlaufen – sehr vieles einschneidend ändern muss.

Die Anforderungen des Lebens erscheinen nun so, dass jeder Anspruch auf ein innerliches Leben sinnlos erscheint. Was kann man mit einer solchen Erfahrung in einer Welt anfangen, die auf ökonomischen Werten und Beziehungen basiert? Wir fühlen uns als Opfer zwischen dem Weg der spirituellen Entwicklung und einer Gesellschaft, die in dieser Hinsicht unwissend ist. Die Seele atmet nicht mehr. Unsere Überzeugungen widersetzen sich und wollen nicht weichen. Unser »Navi« hat kein Update mehr bekommen, aber wir wollen es eigentlich auch gar nicht updaten. Es ist ein Tod, der heftiger ist als der der Acedia. Das Erleben ähnelt einer Acedia, ist aber intensiver.

Ängste greifen uns an in dieser Etappe. Wir stehen Todesängste aus. Was einmal wichtig und wertvoll für uns war, ist plötzlich zur Illusion geworden. Wir stecken in einem inneren Nebel. In unserer Umgebung verschiebt sich alles Mögliche. Innen wie außen. Alles, was im Lauf von Jahren ins Unbewusste verdrängt und »unter den Teppich gekehrt« wurde, kommt jetzt auf dem inneren Podium prompt ins Scheinwerferlicht. Es geht um Dinge aus dem persönlichen Unbewussten, aber auch um alles, was uns über das Kollektiv unbewusst erreicht. Wir werden von inneren und äußeren Gegenkräften überschüttet.

Diese Etappe des Wegs kann für einen Einzelnen sehr lange dauern. Wichtig ist, einzusehen, dass es sich hier um eine spirituelle Krisensituation handelt. Nur auf diese Weise können wir hindurchkommen und den Weg bis zum Ende weitergehen. Die Frage, mit welcher inneren Haltung wir der Krise begegnen, macht den Unterschied.

Es gibt, grob gesagt, zwei Möglichkeiten, damit umzugehen. Die erste ist die des reinen Überlebens. Es ist die Haltung des Häftlings im Konzentrationslager, der sein spärliches Essen hinunterschlingt und seinen Ängsten ausgeliefert ist. Nach einer gewissen Zeit wird er umkommen. Die innere Kraft reicht nicht aus. Die zweite ist die desjenigen, der innerlich zu dieser Situation eine Haltung sucht und sich darauf einstellt. Er ist wie der Häftling, der das karge Essen immer und immer wieder kaut. Er wird gestärkt und geläutert aus der Situation hervorgehen.

Wir müssen uns intensiv der Tatsache bewusst werden, dass unsere Ideen vielleicht zu starr und einige unserer Charaktereigenschaften emotional unklar sind. Wir sind eingeladen, uns von unserem persönlichen Hintergrund und allen Vorurteilen, die wir daraus ableiten, zu distanzieren. Wenn es uns gelingt, diese loszulassen, wird Raum frei für das Fremde, das Neue in der Wahrnehmung. Das erfordert Mut, Selbsterkenntnis und Ehrlichkeit.

Diese Etappe kann eine Zeit von Schmerzen, Verzweiflung, Panik und Ängsten sein. In der Tradition gibt es dafür auch den Ausdruck *horror vacui*. Die Symptome ähneln denen einer endogenen Depression. Wir leiden unter Schlafstörungen. Die alten Verhaltensmuster funktionieren nicht mehr, ebenso wenig die Hoffnung auf die Zukunft, wir interessieren uns nicht mehr für unser Berufsleben. Das Selbstvertrauen hat eine ordentliche Delle bekommen, alte Jugenderfahrungen kommen in uns hoch, und zunehmend kommen negative Züge aus der Psyche hoch wie beispielsweise Aggressivität. Wir können jetzt auch allerlei körperliche Beschwerden bekommen.

Es ist das Schaudern des »Ichs«, das weggestellt wird. Wenn wir wollen, dass das Neue in uns erscheint, dass Menschen, Dinge und Ereignisse sich in ihrem wahren Wesen an uns manifestieren, müssen wir wohl oder übel die Dezentralisierung unseres »Ichs« geschehen lassen. Wenn wir dazu nicht bereit sind, wird jedes neue Ereignis nur die Wiederholung von etwas bereits Erlebtem oder Gesehenem sein.

Falsche Sicherheiten werden uns immer wieder weggenommen. Nach einer kleinen Periode der Ruhe taucht wieder ein neuer Abgrund auf. Wir müssen da hindurchgehen. Ganz allmählich wird das »Ich« weniger dominant. Es gibt nichts mehr, an dem wir Gefallen finden, sogar das spirituelle Interesse verschwindet. Es können die Lebensumstände selbst sein, die uns in diese Lage bringen, Dinge von außen. Manchmal scheint es die einzige Möglichkeit zu sein, uns aus zu starken Bindungen zu lösen. Bei Johannes vom Kreuz war es eine neunmonatige Gefangenschaft. Im 16. Jahrhundert hat er als Mönch in Spanien über die innere Reise geschrieben. Bei Etty Hillesum war es der Krieg mit der grausamen Judenverfolgung.

Hillesum beschreibt, wie die erniedrigenden Maßnahmen, die die Deutschen gegen die Juden eingeführt haben, sie deprimieren und sie manchmal wie eine bleierne Last zu ersticken drohen. Dennoch erkennt sie, dass es nicht um die Maßnahmen geht, sondern um eine große Traurigkeit in ihr selbst, die einen Grund sucht, sich zu manifestieren. Sie verfügt allerdings über eine große Selbsterkenntnis und den Mut und die Ehrlichkeit, jeder inneren Verschränkung ins Auge zu sehen.

Bei dem Schriftsteller Tolstoi kam die Krise ohne jeglichen Grund, wie »vom Himmel« gefallen. Für ihn gab es keinen Auslöser von außen. Er fühlte sich stärker und gesünder als seine gleichaltrigen Freunde, er hatte ein glückliches Familienleben und war als Schriftsteller mit seinen Romanen sehr erfolgreich. Aber auf einmal kommen Momente der Verwirrung. Momente, die immer häufiger auftreten und in denen er überlegt, wie er weiterleben möchte. Er stellt fest, in einer großen Leere gelandet zu sein. Nach einer gewissen Zeit beschließt er, das konventionelle Leben hinter sich zu lassen, weil er es als Parodie auf das Leben zu sehen begonnen hatte. Tolstoi kommt zu einer tiefen Einkehr.

Es ist die Depression, die entsteht, sobald das »Ich« bemerkt, dass es Terrain verliert. Das »Ich« bekommt Angst und gerät in Panik. Ich höre das, wenn mir Menschen davon erzählen und es keine »äußeren« Probleme gibt. Sie haben eine gute Beziehung, interessante Arbeit, keine finanziellen Schwierigkeiten oder gesundheitliche Sorgen, und trotzdem sind da urplötzlich Ängste, und Panik macht sich breit. Es ist das »Ich«, das sich bedroht und in seiner Machtposition angegriffen fühlt.

In dieser Etappe kann das »Ich« noch heftig von sich hören lassen. Es bietet mit aller Macht Widerstand und versucht, die Kontrolle zu behalten. Es kann sich in die Opferrolle zurückziehen und alles auf die Außenwelt projizieren, anstatt selbst die Verantwortung zu übernehmen und den Prozess aktiv zu gestalten. Alte Muster, Überzeugungen und überholtes Verhalten manifestieren sich noch einmal mit Macht. Die tieferen Bewusstseinsebenen bleiben allerdings aktiv, dann hält die Depression an. In solchen Fällen kann es sehr lange dauern.

Das Schwierige an dieser Situation ist, dass die Veränderung nicht im äußeren Wirkungsbereich des Verhaltens und Tuns verharrt. Auf der Ebene unserer Überzeugungen verschwindet alles, was uns bisher heilig war und Bedeutung hatte. Das Meditieren hilft nicht mehr, die Stille bietet keine Unterstützung und eventuell vorhandene religiöse Gottesbilder gehen zu Bruch. Wir erleben keine Anwesenheit des *Seins*. Schuldgefühle kommen dann auf. Es ist, als sei es unserer eigenen Nachlässigkeit geschuldet, dass wir in diese Krise geraten sind.

Das ist der eigentliche Transformationsprozess. Die Befreiung beginnt jetzt. Das zu akzeptieren, ist unglaublich schwierig. Unser Bewusstsein macht sich langsam frei von der großen Kraft des unersättlichen »Ich«-Bewusstseins. Es beginnt, frei zu werden von den starken Bindungen an die physische, psychische und rationale Welt. Wir durchschauen die Vergänglichkeit aller Dinge und fangen an zu verstehen, dass eine zu große Abhängigkeit von Dingen zu permanenter Frustration führt.

Es gibt einige Hilfsmittel, die uns dabei helfen können, hier hindurchzukommen. Der erste Schritt ist der der Aufklärung. Wir müssen verstehen, dass wir es nicht einfach nur mit einer Depression zu tun haben, sondern mit einer richtigen Übergangsphase. Es geht hier um einen Transformationsprozess.

Der nächste Schritt ist, dass wir darüber reden können und dass unser Gesprächspartner ausreichend erfahren ist, um die Symptome zu erkennen. Als nächstes dürfen wir uns nicht zu sehr der depressiven Stimmung hingeben. Wir müssen erkennen, dass wir hier hindurch wollen und dass es keinen Weg zurück gibt. Wir müssen durchhalten. Es braucht Mut und Selbstdisziplin, um von dieser Etappe zu profitieren. Wir können mit Hilfe einer Therapie unsere Selbsterkenntnis stärken und unser »Navi« updaten. So können wir mehr Verantwortung für unser Leben übernehmen und die Disziplin sowie ein gewisses Gleichgewicht in uns wiederherstellen.

Ein anderes Hilfsmittel ist, sich jeder Handlung und jedes Moments bewusst zu sein. Hobbys, Spazierengehen, Arbeit und Sport können helfen. Was letztlich Heilung bringt, ist die Begegnung mit der Leere, dem Nichts. Dieses »Nichts« bietet keine Anknüpfungspunkte und kennt kein Ziel. Es kennt keine Begrenzung in Zeit, Raum oder sonst irgendetwas. Wenn wir dieses »Nichts« wirklich akzeptieren und annehmen, werden wir entdecken, dass es eine Qualität besitzt, die bis ins Unendliche reicht. Es ist das Tor zur neuen Geburt. Es ist, was die Tradition die »Wolke des Nichtwissens« nennt. In der tiefsten Hingabe findet die Transformation statt. Auf eine Weise, die wir uns nicht vorstellen können.

Ich selbst bin mit ungefähr fünfzig in dieser pechschwarzen Nacht gelandet. Es hat sehr lang gedauert. Alles in der Außen- und Innenwelt hat sich verschoben. Es gab Momente, an denen ich mich von den Umständen überrollt fühlte. Mein »Ich« hat viel Widerstand aufgeboten, ich bin zweimal umgezogen. Ich fühlte mich nirgends mehr zu Hause.

Mit dem Tod meiner Eltern war außerdem das elterliche Haus aus meinem Leben verschwunden und damit viele Angehörige. In Therapie bin ich meiner Jugendzeit und dem Familienleben noch einmal nachgegangen. Ich habe gewimmert vor Schmerz. Es war, als würde mich niemand mehr lieben, und es gelang mir nicht, ein wenig Liebe für mich selbst aufzubringen. Nach außen funktionierte ich mit Willenskraft und dank meines automatischen Piloten. Meine Disziplin war wie Schnee in der Sonne weggeschmolzen. Vor lauter Selbstmitleid übernahm ich nicht die Verantwortung für mein eigenes Leben. Ich nahm mehr als zehn Kilo zu. Wo Meditation und Stille mir früher Halt und Trost geboten hatten, jagten sie mich nun noch tiefer in das »Nichts« und in die Verzweiflung hinein.

Die Kontemplation sagte mir nichts mehr. Ich konnte mir meine Mutter nach ihrem Sterben nicht in einer anderen Dimension vorstellen, geschweige denn in einem Jenseits. Es ist klar, dass ich durch die vielen Jahre der sehr intensiven Pflege meiner Eltern aus dem Gleichgewicht gekommen war. Es war notwendig, mich (vorübergehend) von einigem, was mir sonst sehr wichtig war, zurückzuziehen: Stille, Alleinsein, Schreiben und Kontemplation. Ich hielt aber krampfhaft daran fest, sodass ich in einen inneren Konflikt geriet. Schließlich habe ich jede Disziplin aufgegeben und meinen Fokus verloren.

Hier zeigt sich deutlich, wie wichtig es ist, ein gewisses Maß an Selbstfürsorge aufrechtzuerhalten. Diese Möglichkeit gibt es immer. Ein bisschen Selbstdisziplin ist dafür allerdings notwendig. Mit Selbstdisziplin meine ich die Fähigkeit, kurzfristige Freuden und Genüsse (in meinem Fall das viele Essen) zugunsten der Entwicklung von Selbstrespekt hintanzustellen. Das meint, Liebe zu sich selbst entwickeln.

Heute nun, nach meinem vierundfünfzigsten Lebensjahr, kommt das Leben und meine Lebensfreude zurück. Ich höre mich wieder lachen, und ich fühle mich freier denn je. Ich habe die Balance wieder gefunden und auch meine Selbstdisziplin. Mein Gewicht ist wieder auf dem alten Stand von vor der dunklen Periode.

Dazu habe ich einige Schritte gemacht. Ich ernähre mich wieder biologisch, vegetarisch und vor allem sehr bewusst. Für mich war das eine Lektion, dass man während der dunklen Nacht nie wichtige Entscheidungen treffen sollte in Bezug auf Arbeit, Umzüge oder Beziehungen. Gleichzeitig wird mir jetzt auch bewusst, dass diese Krise eine notwendige Übergangssituation war. Ich steckte noch fest in starren Vorstellungen über mein eigenes Leben. Mein »Navi« war veraltet.

Die alten Formen sind definitiv weggewischt, nachdem sie sich noch einmal kräftig zu Wort gemeldet hatten. Der Wunsch nach neuen Formen ist verblasst. Das Leben selbst ist wichtig geworden. Das »Jetzt«. Ich merke zudem, dass ich mich mit anderen auf eine für mich völlig neue Art und Weise verbinde, ehrlicher, normaler. In der Verbindung mit anderen kann ich jetzt das Dazwischen empfinden, über das Martin Buber (1878-1965) in *Das dialogische Prinzip* geschrieben hat.[41] Es ist nicht mehr entweder oder. Das heißt, in die Kontakte mit anderen ist auch dieser Raum, der heilige Grund, gekommen. Das ist für mich eine völlig neue Erfahrung. Ich habe wieder mehr Energie, und die dunkle Phase scheint nun hinter mir zu liegen.

Im Nachhinein betrachtet, hat die dunkle Nacht schon früher begonnen. Ich fühlte schon lange vorher, dass das Alte nicht mehr funktionierte, aber völlig loszulassen war ein zu großer, zu schmerzhafter Schritt. Es hat extreme externe Umstände gebraucht, um mein »Ich« in ein wirkliches Loslassen zu zwingen. Das Leben ist auf eine völlig andere Weise, als ich mir das hätte vorstellen können, zurückgekommen: einfacher, reiner, nicht mehr als das Besondere. Die strikte Trennung zwischen der geistigen Welt und dem Irdischen ist verschwunden. Ich bin viel offener über mich selbst geworden.

Die Frage, ob es jedes Mal so heftig sein muss, bleibt. Jeder Übergang ist einzigartig, und wir gehen am Ende stärker daraus hervor. Wir gewinnen an Erfahrung, und das Leid wird weniger als Leid erlebt, sondern als Teil des Lebens akzeptiert. Außerdem verleiht die Erfahrung eine gewisse Autorität, die Autorität eines erwachsenen Menschen. Zugleich werden wir sensibler und unsere Antennen feinfühliger. Die scharfe Wahrnehmungsfähigkeit mit der damit einhergehenden Bewusstseinsebene nimmt mehr denn je jede Weigerung zu wachsen wahr. Nimmt den Schmerz und das Leiden in der Welt wahr, die durch den fehlenden Antrieb, etwas dagegen zu tun, entstanden sind. In diesem Sinn wird es nicht leichter, aber die Disziplin gibt uns eine Möglichkeit an die Hand, um auf sinnvolle Art und Weise mit dem Schmerz umzugehen und durchzuhalten.

Es sollte deutlich geworden sein, dass, je weiter man auf dem Weg voranschreitet, man desto öfter geboren wird und desto häufiger den Tod durchleiden muss. Es wird also mehr Freude geben, aber auch mehr Kummer.

7. Wandlung der Person: Mein Leben ist Ausdruck der Transformation

Der Mensch, der aus der Etappe der dunklen Nacht der Seele, diesem Höllenfeuer, hervorgeht, ist ein anderer Mensch geworden. Gelassener, ruhiger, »etwas« Größerem, als er selbst ist, übergeben. Das Gefühl, die Kontrolle behalten zu wollen, ist weg. Wachstum kann man als mühsamen Geburtsprozess sehen, der einen zutiefst berührt, bei dem man aber auch geheilt wird und zu sich selbst findet.

Etty Hillesum berichtet in ihrem Tagebuch: »Es scheint ein völliges Gleichgewicht in mir zustande gekommen zu sein. Ich muss mich nie wieder in eine Ecke, an den Schrank gelehnt, verkriechen, um ›in mich hineinzuhören‹. Ich höre den ganzen Tag darauf, was in meinem Inneren ist, auch, wenn ich mit anderen Menschen zusammen bin. Ich muss mich nicht mehr absondern und schöpfe regelmäßig Kraft aus den verborgensten und tiefsten Quellen in mir selbst.«[42] Jetzt ist das stille Zimmer immer in ihr und sie kann sich zu jedem Zeitpunkt dorthin zurückziehen, egal, ob sie nun in einer vollen Straßenbahn sitzt oder gerade beim Bummeln ist.

Es geht in dieser Etappe um eine gründliche Neuordnung unseres inneren Lebens. Unsere Gedanken, Erfahrungen, Gefühle und Emotionen werden neu strukturiert. Die Neuordnung findet auch auf der Ebene der Sexualität statt. Wir entdecken in dieser Phase, dass Leidenschaft und Sexualität quicklebendig in uns sind. Während die Erfahrung an sich zu einem »Nichts« führt, einer Abwesenheit, einer Leere, wird zugleich die Verbindung mit uns selbst intensiviert. Das bringt uns in Kontakt mit unserer Vitalität. Wir sprudeln vor Lebendigkeit.

Eine Leidenschaft für das Leben wird in uns lebendig. Wie bei Hillesum, wenn sie über ihre Gefühle für Liesl schreibt. Sie sieht den Zauber, der von ihr ausgeht als besonderes Geschenk, das aber nicht mehr materialisiert und konsumiert werden muss. Sie schreibt, wie »das Sexuelle und Erotische bei ihr allmählich so eingeordnet sind, dass das Menschliche immer überwiegt«.[43]

Zugleich sind wir einfacher geworden. Die Meinung anderer ist nicht mehr so wichtig. Die Lebensenergie verstreut sich nicht mehr in alle Winde. Wir wissen, wo unser Gleichgewicht liegt. Wir lieben uns selbst und sind somit in der Lage, unserer täglichen Wirklichkeit mit Disziplin eine Form zu geben. Wir übernehmen Verantwortung für unser Leben und wissen, dass wir unser »Navi« auf Dauer regelmäßig auf den neuesten Stand bringen müssen.

Hillesum schreibt: »Tausend beengende Fesseln sind zerrissen, und ich atme befreit, ich fühle mich stark und schaue mich mit strahlenden Augen um. Und jetzt, da ich nichts mehr besitzen will und frei bin, jetzt besitze ich alles, jetzt ist mein innerer Reichtum unermesslich.«[44]

Wir werden eins mit uns und bekommen uns wieder zurückgeschenkt – gesundet in unserem tiefsten Wesen. Das Zweckhafte verschwindet. Die Fülle des Lebens selbst ist uns genug. Letztlich ist an uns aber nichts Besonderes anders. Höchstens ist da eine gewisse Freiheit, mit der wir durch das Leben gehen. Zugleich bleiben wir auch die, die wir sind. Wir behalten unsere typischen Charaktereigenschaften bei. Durch das Herausgehen aus der »Ich«-Geschichte kommen, wie Hillesum schreibt, »die Konturen unserer Person stärker zum Ausdruck. Jetzt werden sie nämlich nicht mehr überdeckt von allzu kleinen Ego-Abwägungen wie Eitelkeit, Geltungsdrang und Minderwertigkeitsgefühlen.«[45]

Deshalb sind Menschen, die diesen Weg gehen, starke Persönlichkeiten. Mit einer solchen inneren Einstellung ist uns gleichwohl sehr bewusst, was passiert. Wir können verärgert sein und sind uns unserer Wut bewusst. Es gibt die zu starke Identifikation mit den verschiedenen Rollen, die wir spielen, nicht mehr. Wir sehen die verschiedenen Masken, die die Menschen tragen, und die Rollen, die gespielt werden. Man ist kein Zuschauer mehr, sondern nimmt mit diesem Bewusstsein voller Leidenschaft am Leben teil.

Überdies ist Humor ein Kennzeichen der Seele, die den langen Weg geht. Die Freude und das Lachen sind stark, weil sie jeweils auf ihre Weise die üblichen Grenzen sprengen, in diesem Zusammenhang vor allem die zwischen dem Säkularen und dem Sakralen.

Hillesum denkt in ihrem Tagebuch darüber nach, wie sie sich selbst und alles andere wieder in normalen Proportionen sieht, wie sie stärker im Leben steht als je zuvor, weil sie selbst hindurchgekommen ist. Sie ist »verträumt«, ohne gewaltige

Forderungen an sich selbst zu stellen. Eingeordnet im ganzen Kosmos. Sie fühlt sich jetzt glücklich und das trotz allem und jedem. Ganz aus ihrem Inneren heraus, aus sich selbst. Es ist, als ob sie wieder zu sich selbst zurückgekommen ist, »der Himmel lebt in mir, alles lebt in mir«.[46]

Weil allzu persönliche Ambitionen aufgegeben wurden, bindet sich die Seele nicht mehr an das Leben. Sie gibt sich vielmehr dem Strom des Lebens hin, gibt sich dem Leben selbst hin. Der einzig wahre Prüfstein der Spiritualität ist der, dass sie auf gelungene Art im alltäglichen Leben integriert wird. Die Kontemplation bringt die Person nicht aus der Welt, sondern gibt ihr das Bewusstsein und die Entschlossenheit, ein angemessenes Handeln in der Welt zu wählen. Das ist ein Beitrag für ein gutes Leben aller Menschen. Abraham H. Maslow nannte es die »Plateau-Erfahrung«.[47] Auf einem Bergplateau lässt es sich gut verweilen, man fühlt sich eingeladen zu einem längeren Aufenthalt, der Berggipfel muss aber auch wieder verlassen werden.

Dieses Empfinden erlebe ich sehr deutlich bei den Menschen, die an den Kontemplationstagen teilnehmen. Alles findet ein Ende, und dieser Weg führt immer zum anderen hin. Dieses Leben ist ein antwortendes Leben. Es bekommt damit sowohl Form als auch Antwort auf alles, was sich in und durch das alltägliche Leben als Appell ankündigt. Wir wünschen uns ein Leben, in dem nicht nur wir selbst, sondern auch andere sich zu Hause fühlen können.

In diesem Sinn ist eine kontemplative Lebenshaltung heilend. Der Mensch entdeckt den Sinn des Lebens nicht durch die Huldigung religiöser Auffassungen, sondern indem er auf eine bestimmte Weise lebt.

Diese Reise führt uns allerdings auch in eine gewisse Einsamkeit. Die Gefühlswelt des kontemplativen Menschen entfernt sich von einer materialistischen Mentalität. Die Erfahrungen der Einheit, das Hören auf das »stille Schreien« bringen uns notwendigerweise in eine Position, die der als normal betrachteten, eher unbewussten Lebensweise diametral gegenübersteht.

Leider finden sich in der westlichen Tradition nicht so viele schriftliche Quellen über diese Etappe der Transformation. Das hat vielleicht etwas damit zu tun, dass Worte wenig geeignet sind, diese Etappe wiederzugeben, und dass nur wenige, die den Weg bis zum Ende gegangen sind, das Bedürfnis spüren, ihrer Erfahrung eine Deutung zu geben. Mehr noch hat die Allmacht der Kirchen in der Vergangenheit damit zu tun. Der kontemplative Weg war durchaus verdächtig, und viele sind auf dem Scheiterhaufen gelandet oder wurden zumindest von der damaligen kirchlichen Gemeinschaft ausgeschlossen. Die Wüstenväter, die keinen Hochmut aufkommen lassen wollten, helfen uns hier auch nicht weiter.

Mittels eigener Erfahrung und mithilfe zeitgenössischer Quellen habe ich dennoch versucht, die Konturen des Wegs zu unterscheiden. Das schmälert keineswegs das tiefreichende Glück, das uns zuteil wird. Dieses Glücklichsein ist nicht dasselbe wie weltliches Glück. Dieses Glück hat in der Tiefe einen gewissen Weltschmerz in Anbetracht einer Welt, die noch in den Schranken des Egos lebt. Ein Glück, bei dem wir die Komfortzone haben verlassen müssen, Erfüllung im heutigen Moment finden und das Leben mit allem Auf und Ab vollständig umarmen. Wir sind an unseren Illusionen, die der Ursprung unseres Leidens sind, gestorben. Es geht nicht darum, weniger zu lieben, sondern anders zu lieben. Der Weg der Kontemplation wird nicht so sehr von der konkreten Liebe zu einer bestimmten Person getragen, sondern von dem Grundgefühl der Liebe. Liebe ist mehr als ein Gefühl, sie ist das Handeln im Einklang mit unserem tiefsten Wesen. Letztlich ist es ein Erwachsenwerden, wobei wir nicht nur wachsen und uns entwickeln, sondern auch anderen auf ihrem Weg beistehen.

Wie im vorherigen Kapitel bereits gesagt, fühlt man sich in dieser Etappe freier denn je. Die alten Formen haben ihre Bedeutung verloren, und man wagt es, in einer gewissen Leere zu leben, ohne sich darin zu verlieren. Das innere Land ist durchkreuzt, weil das Gleichgewicht wieder gefunden wurde, eine liebevolle Selbstdisziplin sorgt dafür, dass die gewonnenen Freiheiten nicht zu Zügellosigkeit oder Chaos führen. Im Gegenteil, wir finden zu einer neuen kreativen Lebensordnung, die erfrischend anders ist.

Nachwort

Wenn wir uns auf lange Sicht der Disziplin des in diesem Buch beschriebenen kontemplativen Wegs hingeben, wird es zu einer langsamen, immer weiter voranschreitenden, äußerlich wahrnehmbaren Transformation kommen. Wir werden ein Leben, das reich an Bedeutung ist, führen. Die einzelnen Disziplinen dieses Wegs helfen uns angesichts des Leids und des Kummers im Leben und lehren uns vor allem, wach zu sein für unser wahres Wesen. Den kontemplativen Weg zu beschreiten bedeutet außerdem, Platz zu machen für den Mythos im Leben, inmitten einer Welt, die vom Logos beherrscht wird.

Wir haben uns in diesem Buch am Wissen und an den Erfahrungen der Wüstenväter gestärkt, einer Wissensquelle aus einer anderen Zeit, in einer archaischen Sprache. Ihre Lehre ist deshalb für uns, die wir im 21. Jahrhundert leben, nicht immer leicht zugänglich. Wir müssen sie in unsere Zeit übersetzen. Heutzutage leben wir oft in der »Wüste« der Großstädte und führen buchstäblich ein völlig anderes Leben als die Wüstenväter. Wir brauchen mehr einen integrierten Weg. Nicht das eine oder andere Extrem. Es ist der Mittelweg, den wir innerlich beschreiten müssen, dort wartet das Leben auf uns.

Leben muss man das ganze Leben lang lernen. Seneca hat dies schon vor zweitausend Jahren geschrieben, aber die Aussage ist immer noch hochaktuell. Aus der inneren Pilgerschaft erwächst ein Wissen, das auf Erfahrung basiert. Wirkliche Entwicklung transformiert unser Inneres, weil es uns zum Wesentlichen führt. Es bildet die Basis, die unser Handeln trägt.

Frei zu werden allein genügt nicht. Es reicht nicht aus, alle Bremsen zu lösen. Zügellosigkeit und Chaos sind nicht dasselbe wie Freiheit. Die Bindung, die früher vielleicht eine mehr äußere Bindung war, wandelt sich zu einer Verbindung, die aus dem Tiefsten unseres Wesens eingegangen wird. Das ist in erster Linie eine Verbindung zu uns selbst. Weil wir allmählich von zu vielen äußeren Bindungen befreit werden, werden wir uns auf wesentlichere Art und Weise verbinden können. Die Liebe, die wir für uns selbst entwickeln, bewirkt, dass wir uns anders nähren und verhalten, unser »Navi«, das heißt, unseren Blick auf die Welt, immer wieder korrigieren und die Verantwortung für unser Leben übernehmen. Wir sind durchkreuztes Land geworden.

Unser wahres Zuhause liegt in uns. Es bedeutet die innere Erfahrung in jedem von uns. Dort sind wir autonom. Solange wir diese sehr alte Wahrheit nicht wiederentdecken, irren wir umher und suchen Trost an einem Ort, an dem es keinen Trost gibt – in der Außenwelt.

Kontemplation ist keine Nabelschau und kein Abgehobensein. Im Gegenteil, sie macht uns endlich realistisch. Die Illusionen liegen in Scherben. Wir sehen die Wirklichkeit, so wie sie ist, und wir durchschauen die Maskerade der Welt. Eine grundlegende Transformation der Welt beginnt deshalb mit einer Transformation des Individuums. Wir werden die Welt in dem Maß verändern, wie wir nach innen schauen und uns unserer inneren Landschaft bewusst werden. Bewusstwerdung ist der Anfang jeder Veränderung.

In der Welt herrscht ein Mangel an Bewusstsein dafür, und dieser Mangel muss behoben werden. Eine bewusste, erfahrene Person, die in der Liebe ist, will der Welt ihr bewusstes Wissen und Handeln nicht vorenthalten. Spirituell entwickelte Menschen verfügen über Disziplin, Liebe und Autorität. Deshalb braucht die Welt ihre Erfahrung. Weil diese Menschen dem Leben zugewandt sind, werden sie den Bedürfnissen der Welt nachkommen. Die Welt wird sie allerdings oft als völlig normale Menschen betrachten, da sie ihr bewusstes Wissen unauffällig oder sogar verborgen austragen.

Sich selbst zu geben, ist dabei eine wichtige und schmerzliche Aufgabe, denn diese Position führt dazu, dass man Entscheidungen treffen muss. Das bewusste Entscheiden ist viel schwieriger und schmerzhafter als das unbewusste Entscheiden. Ich bin aber davon überzeugt, dass wir als Menschheit dabei sind, einen großen Schritt nach vorn zu machen. Es liegt an uns selbst, ob es gelingen wird.

Anmerkungen und Literaturhinweise

Einführung

1 Hillesum, Etty: Das denkende Herz der Baracke. Die Tagebücher 1941-1943. Herder, 2014, S. 268
2 Standaert, Benoît: Wijsheid uit de woestijn. Lannoo, 2005
3 Jäger, Willigis: Die Welle ist das Meer. Mystische Spiritualität. Herder, 2000, S. 22
4 Hillesum, nicht in deutscher Übersetzung, übersetzt nach Miek Pot
5 Hillesum, S. 171
6 Kerkeling, Hape: Ich bin dann mal weg. Meine Reise auf dem Jakobsweg. Malik, 2007, S. 343

1. Über Symbolik, Negation und das Schweigen

7 Hillesum, nicht in deutscher Übersetzung, übersetzt nach Miek Pot (im Original S. 98)
8 Hillesum, nicht in deutscher Übersetzung, übersetzt nach Miek Pot (im Original S. 110)

[9] Van den Berk, Tjeu: Mystagogie. Lannoo, 1999, S. 9-10
[10] Hillesum, S. 58
[11] Hillesum, nicht in deutscher Übersetzung, übersetzt nach Miek Pot
[12] Hillesum, S. 58
[13] Hillesum, nicht in deutscher Übersetzung, übersetzt nach Miek Pot

2. Selbsterkenntnis und Hindernisse

[14] Hillesum, nicht in deutscher Übersetzung, übersetzt nach Miek Pot (im Original S. 247–248)
[15] Grün, Anselm: Was will ich? Mut zur Entscheidung. Vier-Türme, 2011, S. 31
[16] Geschildert bei Grün, Anselm: Der Umgang mit dem Bösen. Der Dämonenkampf im alten Mönchtum. Vier-Türme, 2001
[17] Norris, Kathleen: Acedia & me. A Marriage, Monks, and a Writer's Life. Riverhead Trade, 2010
[18] Katie, Byron: The Work. Der einfache Weg zum befreiten Leben. Goldmann, 1999
[19] Hillesum, nicht in deutscher Übersetzung, übersetzt nach Miek Pot (im Original S. 47)

3. Mit dem Unreinen ins Reine kommen

[20] Van den Berk, Tjeu: Op de bodem van de ziel. Onbewuste drijfveren in de spirituele beleving. Meinema, 2006, S. 62
[21] Van den Berk, S. 51

[22] Hillesum, nicht in deutscher Übersetzung, übersetzt nach Miek Pot (im Original S. 129)

[23] Hillesum, S. 97

[24] Hillesum, nicht in deutscher Übersetzung, übersetzt nach Miek Pot (im Original S. 28)

[25] Hillesum, S. 47

[26] Bieke Vandekerckhove: De smaak van stilte. Ten Have, 2010, S. 72

4. Das zermalmte und geöffnete Herz

[27] Hillesum, nicht in deutscher Übersetzung, übersetzt nach Miek Pot (im Original S. 250)

[28] Hillesum, nicht in deutscher Übersetzung, übersetzt nach Miek Pot (im Original S. 29)

[29] Hillesum, S. 257

5. Das Paradoxon als mystische Sprache

[30] Van Ruysbeek, Erik: Mystiek en mysterie. Ankh-Hermes, 1992, S. 25

[31] Van Ruysbeek, S. 23

[32] Van Ruysbeek, Erik: Zangen van Ongrond. Altamira-Becht, 2000

[33] Pot, Miek, In der Stille hörst du dich selbst. Bastei Lübbe, 2011, S. 79

[34] Hillesum, S. 31

[35] Van Ruysbeek, Erik, Zangen van Ongrond. Altamira-Becht, 2000, S. 31

[36] Pot, Miek, In der Stille hörst du dich selbst. Bastei Lübbe, 2011, S. 206

[37] Pot, S. 208

[38] Pot, S. 201

[39] Pot, S. 181

6. Die dunkle Nacht der Seele

[40] Seneca: Von der Ruhe der Seele und andere Essays. Deutscher Taschenbuch Verlag, 1991, S. 270

[41] Martin Buber: Das dialogische Prinzip. Ich und Du. Gütersloher Verlagshaus, 2006

7. Wandlung der Person: Mein Leben ist Ausdruck der Transformation

[42] Hillesum, nicht in deutscher Übersetzung, übersetzt nach Miek Pot (im Original S. 244)

[43] Hillesum, nicht in deutscher Übersetzung, übersetzt nach Miek Pot (im Original S. 332–333)

[44] Hillesum, S. 42

[45] Hillesum, nicht in deutscher Übersetzung, übersetzt nach Miek Pot (im Original S. 232)

[46] Hillesum, S. 255

[47] Abraham H. Maslow: Jeder Mensch ist ein Mystiker. Impulse für die seelische Ganzwerdung. Hammer, 2014

Das Gegenmittel für die Leiden unserer wilden Zeit

Mehr über unsere Bücher
www.scorpio-verlag.de

Klappenbroschur
336 Seiten
ISBN 978-3-95803-001-5

»Wir tun alles, was in unserer Macht steht, um ein Jemand zu sein, ernten aber nur Anspannung und Einsamkeit, weil wir unser Ziel nie erreichen. Lama Marut zeigt eine klare spirituelle Alternative auf, indem er uns empfiehlt, ein Niemand zu sein: damit meint er einen Zustand der Authentizität, in dem wir in unserem Leben voll präsent sind und uns freuen, mit allem verbunden zu sein.« *Lindsay Crouse, Schauspielerin*